知的生きかた文庫

一生、仕事で悩まないためのブッダの教え

アルボムッレ・スマナサーラ

三笠書房

はじめに
どうせなら、「いい気持ち」で働きましょう

仕事のいろいろな悩みについて、答えてください。

そんな依頼を受けて、この本を書くことになりました。

この世の中、仕事のことで悩んでいる人は多いでしょう。

とはいえ、正直に告白すれば、「仕事なんて人生のほんの一部。そんなに悩むほどのことではない」というのが、私の本音です。

「仕事が人生のすべて」なんてつまらない。

他にも大事なことはたくさんある。

そんな悩みはいますぐ捨ててしまいましょう、と、本当はいいたい。

でも、仕事のことで悩んでいる人に、そんなことをいったところで、肝心なことは

何も伝わりません。

では、どうしたら「仕事のことで悩んでいる人」に、大事なことが伝わるのか。

そして、どうしたら「その悩み、問題」が解決するのか。

そこを、私は語らなければいけないのだと思います。

ここでのポイントは、**「上から見ると、物事はよく見える」**ということです。

問題にどっぷり浸かってもがき苦しんでいる人は、物事をうまく把握できていません。

当事者とはそういうものですからね。

しかし、その状況からほんのちょっと抜け出して、上から眺めてみると、物事は意外なほどはっきり見えてくるものですよ。

そして、案外簡単に解決策が見つかったり、「なんだ、悩むほどの問題じゃないじゃないか」と気づいたりすることになる。

一番大事なのは、問題の解決法を見つけることより、目線の持ち方を変えてみることなのです。

この本で私が伝えたいのは、まさにその目線。
どんな問題も、まずは目線を変えてみて、従来とは違うアプローチをしてみる。
私の経験や仏教の知恵を用いながら、そんな方法を紹介するのが本書の目的です。

どうして、仕事が思うようにはかどらないのか？
仕事がつまらないのだけれど、どうしたらいいか？
自分に向いている仕事、向いていない仕事はどうやって判断すればいいのか？
人間関係を改善するにはどうしたらいいのか？
苦手な上司とつき合うにはどうしたらいいか？
時間管理はどうしたらいいのか？
人を管理するときの心得は？
落ち込んだとき、どんなふうに心をコントロールすればいいか？
など、問題はいくらでもありますね。
しかし、それらの問題にまともに向き合っても、解決策はなかなか見えてきませんよ。むしろ、苦しみにはまっていってしまいます。

ここで大事なのは、考え方を少し変えてみること。

どうせ悩むなら、「その問題がどんな構造になっているのか」、「なんでそんな問題が起こっているのか」、「そもそも、それは本当に問題なのか」といったことを考えながら、ちょっと上から覗き込んでみるわけです。

自分を含めた状況を俯瞰《ふかん》してみて、もっともよくわかるのは、「環境は変えることができない」という事実です。

当事者として、問題の中にどっぷり浸かっているときは、「上司が悪い」、「ひどい職場だ」、「アイツとは一緒に働けない」など、周囲に対して不満ばかり出てくるでしょう。

しかし、ちょっと上から見てみると、「ああ、そんなことに文句をいっても無駄なんだな」と思えるようになってきます。

実際、他人と環境は変えられないのですから、それが、正しい状況把握というものです。

解決への道はそれからです。

本書を読んで、ぜひとも、その「ちょっと上からの目線」を身につけてください。そうすれば、物事の「本当の姿」が見えてきます。

仕事とは何か、働くとはどういうことか。

学ぶとは、仲間とは、コミュニケーションとは……？

さまざまな物事の「本当の姿」がわかれば、問題も解決しやすくなるでしょう。

いま、あなたが直面している問題にも、あなたが想像もしなかった「本当の姿」があるはずです。

ぜひとも、そのヒントを本書から見つけて欲しいと思います。

アルボムッレ・スマナサーラ

もくじ

2章　人間関係がもっとうまくいく極意
――我慢しないで好感度がアップする方法

3章　賢者の「働き方」をマスターする
――こう考えれば、仕事はけっしてむずかしくない！

4章 ブッダに学ぶ「怒らない練習」
——感情に振りまわされがちな人に贈る「心の安定剤」

5章　仕事を通して成長する人、しない人
――その違いは「ほんのちょっとしたこと」

編集協力――岩下賢作

1章

「仕事の迷い」を捨てるヒント

——「がんばる」よりも「考え方」を変えてみる

第1話

「やりたい仕事」よりも「ちょっとおもしろくない仕事」のほうが向いている

仕事とは、「社会のために」何かすること

この仕事は自分に向いているのか、向いていないのか。

そんな悩みを持ったこともあるでしょう。

どんな人にも向き、不向きはあります。その仕事をおもしろいと感じるか、つまらないと感じるかとは関係なしにあるものです。

ずっと前から「こんなことがやりたい」と熱望していた仕事に就けたからといって、それが向いているとは限りません。ここが、なかなかむずかしいところです。

ここでは、まずは「向き・不向き」について、簡単な見分け方を紹介しましょう。

その仕事をやっていること自体は楽しいんだけれど、なんとなく苦しいと感じる。あるいは、周囲の人に認められるほど成果を上げることができない。

これはもう、「才能がない」状態です。つまり、向いていません。

一方、そんなにおもしろくはないんだけど、淡々と続けることができる。それなりに成果も上げられる。これはまさに「才能がある」状態。要するに向いているのです。

「やりたいか、やりたくないか」「楽しいか、楽しくないか」とはちょっと違った視

点で、「目の前の仕事を淡々と継続することができるか」「相応に評価されているか」を、シビアに検証してみてください。

つまるところ、それが向き不向きです。

仕事とは「相手のため、社会のため」にすることですから、やはり「才能がある状態」でやらなければなりません。「こんな仕事がやりたいんだ」と、いくらあなたが望んでも、才能がなければやっぱりダメです。

残念ながら仕事というのは、本人が「ちょっとおもしろくないな」と思っているくらいのところで、才能が発揮されていることが多い。だいたいそんなものです。

才能のある分野で働いていると、それほど苦労しなくても淡々とできてしまう。たいていの人は、「簡単にできてしまうこと」をあまりおもしろがりませんね。できないことをやるからこそ、「これはおもしろい」「これができるようになりたい」と思うわけです。

テレビタレントを見ていると、実にわかりやすいでしょう?

「タレントや歌手になって、テレビに出たい」と思っている人は大勢いますが、実際にその仕事をしているのは、「たまたま街を歩いていて、スカウトされたんです。別にこんな仕事をしたいとは思っていませんでした」という人が多い。世の中、そういうものなのです。

「この仕事は自分に向いているのか、向いていないのか」と悩む人は、シビアな目で「才能があるのか、ないのか」を吟味してみてください。「その仕事がやりたいのか、やりたくないのか」ではなく、「才能があるのか、ないのか」を考えるのです。


才能のない分野で仕事をしていると、結局はストレスが溜《た》まり、精神的に苦しくなってきます。たとえそれが自分にとって「憧れの仕事」だったとしても、続けることはむずかしいのです。

反対に、才能のある分野で仕事をしていると、淡々と物事を進めることができます。それがたとえ、あなたにとって「つまらない仕事」でも、周囲はそこに価値を認め、必要としてくれるものですよ。

仕事とは社会のためにやるもの。その前提に立ち返るなら、「あなたの能力を社会が買ってくれるかどうか」が、仕事として成立するか否かの分かれ目です。

そこに、あなたの好き嫌いはまったく介在しないのです。

第2話

世界は「他人の仕事」に完璧を期待するものです

「自分だけは手抜きしていい」なんて許されない

仕事をするには、才能が必要です。

何もかもできる必要はありませんが、自分が担っている分野、求められている範囲において、才能は不可欠です。

「この仕事に関して、私はあまり才能はありませんが、精一杯がんばります」なんてことが、許される世界ではありません。

そういうと、「そんなの厳しすぎる」という人がいますが、実際、世界がそうなっているのだから、仕方がありません。

私だって、あなただって、他人の仕事にはいつも完璧を求めているでしょう。

たとえば、書店に行って本を買うとき、「あまり才能のない人が書いた、まあまあの作品でもいいか」と思って買う人がいるでしょうか。

私なら、絶対にそんなことはしません。

一〇〇〇円の本であろうが、五〇〇〇円の本であろうが、「最初から最後までおもしろくて、夢中で読んでしまうような本」を買いたいと思っています。

抜群かつ完璧な結果を期待しているのです。

それは、どんな場面だって同じです。

「以前食べたとき、このレストランはとてもおいしかったんだよ」と、友人を連れて再びその店に訪れたとしましょう。

そのとき、ちっともおいしくなかったとしたら、あなたはどう思うでしょうか。

「なんでこんなひどい味なんだ、しっかりしてくれよ。こんなことなら、友人を連れてまで、こんな店に来なかったのに」

と思うのではないでしょうか。

その際、

「たまたまシェフの調子が悪かったから、今日はちょっとまずかったんです」とか、

「今日は練習のために、新人に料理させてみたんですけど……」

なんていわれて、あなたは納得できるでしょうか。

「そんなことはそちらの事情で、我々お客には関係ないでしょう！」

と、いい返すはずです。

そうやって、世界は「他人の仕事」には完璧を期待するものなのです。

これがもし、自分で料理したものだったとしたら、あきらめもつくでしょう。

私もときどき料理しますが、そこはやはり素人なので、餃子を焼きすぎて焦がしてしまうことだってあります。

でも、そのときは「ああ、ちょっと焦げちゃったけど、仕方ないか」と思って、素直に食べます。

とはいえ、中華料理屋で同じような焦げた餃子が出てきたら、そうはいきませんね。

結局、私たちは自分のことは棚に上げて、他人の仕事には完璧を期待してしまうものなのです。

小さな子どもは、まずい料理を出されると「こんなもの食べたくない」といって、皿を遠くへ押しやるでしょう。

小さな子どもも、私たちと同じように、他人の仕事に完璧を求めているからです。

総理大臣が正しい判断を下せなかったり、リーダーシップを示せなかったりすると、国民は文句をいって「さっさと辞めろ」と糾弾します。

それが世の常なのです。

だからこそ、私たちは、求められている仕事に対して才能を持っていなければいけ

ないし、その能力を最大限発揮できるよう努力し、完璧な結果を出さなければなりません。


あなたは自分の仕事を完璧にこなしていますか？

自分の仕事は手抜きをするが、相手には完璧を求めるなんて、そんな都合のいいことは許されませんよ。

仕事とはそういうものです。


世の中は、完璧な仕事を求めている。

この話を読むにあたって、もっとも大切なのは「自分のこととしてとらえる」という素直な姿勢です。

これは仏教を学ぶ上でも、とても大事な要素です。

世の中が完璧な仕事を求めているからといって、他人の仕事に口を出し、「完璧にやれ」というようでは、物事の本質から完全にズレています。

あくまでも、これはあなたの話だからです。

あなた自身が仕事をするときに「手抜きをせず、完璧にこなす」という話です。

そこのところを誤解しないで欲しいと思います。

たとえば、仏教では殺生を禁じていますね。

この話をすると、「では、漁師はどうしたらいいんですか?」という人が必ずいます。「漁師は魚を殺しているじゃないか」というわけです。

ところが、その人自身が漁師で「私は漁師なのですが、この先どうしたらいいでしょう?」という話は聞いたことがありません。

結局、漁師でない人が他人の話として物事をとらえ、文句をいっているのです。

そんなものには、まるで意味がありません。

理屈をこねるのが目的ではなく、自分自身が学び、成長することがもっとも大事なのです。

完璧な仕事をするのも、殺生をしないのも、「自分のこととしてとらえ、自分が実践する」ことが大切。

その素直な心があれば、あなたの働き方は、きっと変わってくるはずです。

第3話

転職を考える前に、「自分の働き方」を変えてみる

「ずっといまの職場でいいのかな」と思ったら……

転職をするべきか、いまの職場に残るべきか。

これも、よく聞く問題です。

仕事をするからには、自分に適性があって、力が発揮できるところで働いたほうがいい。そんなことは当たり前です。

世の中は完璧を求めていて、働く人はその要望に応えなければなりません。自分に向いている仕事をしている人はいいでしょうが、向いていない仕事をしている人は、ちょっとしたことでストレスを感じ、精神的にどんどん苦しくなっているはずです。

「完璧な仕事などできない」と悩んでいる人も多いでしょう。

そんな人は、すぐにでも転職したほうがいいのでしょうか。

さて、ここからが問題です。

仕事をするには能力が必要。これは当然の話です。

その仕事に向いていない人がずっと同じ仕事を続けるのは、自分にとっても、周囲にとっても不幸なことです。

しかし、その見極めは簡単ではありません。

ちょっと働いてみて、「ああ、これは自分に向いていないから違うことをしよう」と考えればいいというような、単純な話ではありません。

仕事がうまくいかない場合、「能力がない」という以外にも、二つのケースが考えられるからです。

それは「経験が不十分」と「努力が足りない」という場合です。

どんな仕事をするにしても、最初からうまくはいきません。

世間が求める完璧な結果を出すためには、相応の経験と努力が不可欠です。それをしないで、「自分には向いてない」といって転職しても、結果は同じ。

どこへ行ってもうまくいかないでしょう。

転職するにしても、しないにしても、大事なのは「自分に挑戦できるかどうか」なのです。

どんな仕事でも、自分なりの楽しみを見つけ、努力し、経験を積んでいけば、それなりの力は身につきます。

反対に、自分への挑戦ができなければ、いくら職場が変わっても、役割が一新されても、結果はたいして変わりません。

いつも心のどこかで「あんまりうまくいかないなぁ……」「いっそのこと、辞めちゃおうかな」と悩むだけです。自分に対して挑戦的になれなければ、どんなに悩んでも、どんな決断をしても、ダメだということです。

そうやってクヨクヨ悩んでいるうちに、自分の能力はどんどん下がり、現在の仕事はますますうまくいかなくなるでしょう。

お客さんは完璧を求めますから、当然、各方面からクレームが来て、さらに仕事がやりにくくなる——完璧な悪循環です。

いまの会社を辞めるかどうか悩んでいる人、仕事を変えようと考えている人は、「いま現在、自分は挑戦的に働けているか?」、あるいは「新しい職場で挑戦的になれるのか?」と、自問してみてください。

挑戦的になれないなら、環境を変えても何も変わらないでしょう。

変えるべきは外側ではなく、自分自身なのです。

転職に限らず、そもそも人生とはチャレンジの連続。どんなときでもチャレンジすることが大切です。

「チャレンジ」というと、途方もなく大きな壁に立ち向かうような、そんな大げさな印象を持つ人もいるようですが、私のいう「チャレンジ」とは、そんな大層なものではありません。

チャレンジという言葉を「努力する」「精進する」「がんばる」などに置き換えても、意味するところは同じです。仕事を精一杯やることも、未熟な部分を繰り返し訓練することも、いってみればチャレンジです。

それができなければ、どこへ行っても通用しないということです。

大切なのは、真剣にチャレンジしてみて、その結果を見極めること。チャレンジがなければ、正しい見極めなどできませんよ。

それは、けっして忘れないでくださいね。

そして、もう一つ。日本ではよく「失敗を恐れず……」といういい方をしますが、あれは少し違うと思います。

私たちは「失敗を恐れず」チャレンジするのではなく、「よい結果を出すために」チャレンジするのです。

「失敗しても構わない」なんて、これっぽっちも思っていないでしょう。そんな気持ちでチャレンジすること自体、おかしいと思いませんか。

どうせチャレンジするなら、「成功を目指して」チャレンジしてください。

ただし、そもそも世の中とは自分の思い通りにはいかないものです。チャレンジしても、大失敗に終わることだって当然あります。

そのときは、笑ってしまえばいいのです。

「どこが悪かったのか」「何を修正すべきなのか」と振り返ることは大事ですが、基本としては、笑って済ませてしまえばいいのです。

失敗しないよう最大限努力はするが、失敗したら、笑って済ませてしまう。

ぜひとも、そんな心がけでチャレンジを続けて欲しいと思います。

そうすれば、一つも損をすることなどありませんよ。

第4話

「お金を稼ぐこと」だけが仕事ではない

赤ん坊だって、動物だって、昆虫だって、働いている

何のために働くのか。

そんな質問を、たまに受けます。

しかし、私にいわせれば、そんなことを考えること自体、「病気」に冒されているようなもの。まったくおかしな話です。

仕事の持つ「本当の意味」を知らないから、そんなことで悩むのでしょうね。

多くの人は「働く＝お金を稼ぐこと」、「仕事＝商売」だと思っています。

毎日会社へ行って、上司から与えられた作業をする。そして給料をもらう。これが仕事だと思っています。

しかし、本当にそれが仕事なのでしょうか。


そもそも「仕事」とは、そんな狭い意味のものではありません。

会社へ行って働く。

これもたしかに仕事ですが、家で洗濯や掃除をするのも、当然仕事。その他、生き

るために行なっている行為はすべて、仕事です。

お金を稼ぐ行為だけが仕事だなんて、狭く、つまらない考えです。

動物だって、昆虫だって、もちろん仕事をしています。

ミミズが生きていくとき、誰かが食べ物を口に突っ込んでくれるでしょうか。

そんなことは絶対ありません。自分で働いて食べ物を探し、自分の力で食べなければ生きていけない。

これが、働くという行為の本来の意味です。

ですから、「何のため?」という問いに無理矢理答えるとするなら、それは「生きるため」です。

ところが、人間は「働く」とか「仕事」というものを、勝手にややこしくしています。

元来、仕事とは呼吸のようなもので、やらなければ生きていけない。ただそれだけのことです。

「何のために働くのか?」を改めて考えてみるなんて、ナンセンス。

そんなもの、いくら考えたって無駄なのです。

そんな悩みを持つ人は「なぜ、呼吸するのか？」「なぜ、食べるのか？」についても悩まなければならなくなります。

どう考えても、おかしな悩みでしょう？

人は生まれた瞬間から死ぬまで、一生休まず、働かなければいけません。

それが、生きることだからです。

赤ちゃんは小さな足で蹴っ飛ばしたり、お母さんの髪の毛を引っ張ったりして、必死に自己主張をしますね。

それこそが、赤ちゃんとして生きるための仕事だからです。

どんな人にも、生きるための仕事があります。

そして、その仕事には、休みも理由もありません。

「何のために働くのか？」と思い悩んでいる人は、何よりもまず、「仕事の本当の意味」を理解してください。

お金を稼ぐ仕事というのは、「本当の仕事」のうちのほんの一部。

物事の一部を見て、それがすべてだと思うのは、大きな間違いなのですよ。

第5話

「思い通りにいかなくて当たり前」と知ること

「自分に与えられた役割」を理解していますか

生きるためにする行為すべてが仕事である。

私は前項でそう述べました。それが、動かぬ事実だからです。

ものを食べることも、子どもを育てることも、もちろんすべて仕事です。

しかし残念なことに、世間では「収入を得るために行なうことが仕事」というふうに理解されているふしがあります。

もしかしたら、あなたもそんなふうに理解しているのかもしれません。

ですから、ここではあえて「収入を得るために行なう仕事とは何なのか」について考えてみましょう。


そもそもあなたは、「仕事（収入を得るために行なう仕事）とはどういうものか」を考えたことがあるでしょうか。

その答えは、とてもシンプル。


仕事とは、「人のために何かをすること」です。

る。

「自分がこうしたい、ああしたい」という思いとは関係なく、人の役に立つことをする。

それが仕事です。

もし、「私は自分のために働いている」と思っている人がいたら、その人は仕事の根本がわかっていません。

まして、「私はこんな仕事がやりたいのにできない」とか、「こんなふうに仕事を進めたいのにうまくいかない」などと不満をいう人がいたとしたら、まったくもっておかしな話です。

そもそも、仕事とは「人のために何かをすること」です。自分の主張など通らないのが当たり前なのです。

相手がいて、その相手のために何かをする。

これが仕事であるわけで、けっしてあなたの都合で働いているのではありません。

ここを勘違いしないでください。

みんなが自分のやりたいように仕事をやって、世の中がうまくまわるでしょうか。

そんなはずはありませんね。

人や社会に必要とされる仕事を（好むと好まざるとに関係なく）やるからこそ、社会はうまくまわっていく。それが大原則です。

そして、もう一つ。

私たちが「誰のために仕事をしているか」といえば、突き詰めれば「社会のため」です。

間違っても、自分のため、家族のため、会社のためではありません。

社会が「マスター（主人）」で、すべての人はその下で働く「使用人」。この関係が仕事の基本です。

会社組織に属していると、あたかも社長が「マスター」で、従業員はその下で働いていると考えがちです。

しかし、そんなものは便宜上の形態に過ぎません。従業員は、たまたまその組織に属しているだけの話。

いくら「会社のために働くんだ」といったところで、その「働き」が社会のためになっていなければ、仕事として成り立たないのですよ。

社長だろうが、総理大臣だろうが、結局は社会という「マスター」の下で、社会のためになる仕事をする。その立場に変わりはありません。

世間を見渡してみると、社会のためになっていない社長や総理大臣もたまにいますね。そんな人たちにこそ「社会がマスター、自分はその使用人」という前提を理解して欲しいものです。

仕事をするすべての人が、その前提を自覚するべきです。

そして、その前提を自覚すれば、それぞれの働き方は、自ずと変わってくるでしょう。

あなたは社会のために仕事をしていますか。

その意識をきちんと持っていますか。

私たちは例外なく、「社会から必要とされる仕事」をしなければいけません。

いい換えれば、私たち一人ひとりは「社会から与えられた役割」を担っているということです。それが会社の経営であれ、育児であれ、家事であれ、すべて社会のために働いています。

そう考えれば、「私はこんな仕事がしたいのにできない」とか「こんなふうに仕事を進めたいのにうまくいかない」なんていうのは、おかしいことがわかるでしょう。

自分の都合や希望通りに仕事をしようとすること自体、単なるわがままだからです。

自分の都合や希望とは関係なしに、社会から与えられた役割をこなす。

これが仕事の原点です。

仕事をする現場では、自我など存在しないのが当たり前。

社会の事情によって、仕事をするのが当然なのです。

仕事の愚痴をこぼしたり、わがままばかりいったりしている人は、ぜひともその根本を思い出してください。

第6話

精神まで壊滅的なダメージを受けてはいけません

お釈迦様に学ぶ「持たない」生き方

仕事で失敗して「人生終わりだ」と嘆く人もいれば、財産をなくして「ああ、もう生きていられない」と思う人もいます。

これらは、人生の一部だけを見て「それがすべてだ」と思い込んでしまう典型的なパターンではないでしょうか。

二〇一一年、日本は東日本大震災に見舞われました。

たくさんの命が失われたのは、本当に痛ましいことです。

しかし極端にいえば、家がなくなったり、財産が流されたりしてしまったというのは一つの現象に過ぎません。それで、あなたの人生まで終わるわけではありません。

厳しいいい方ですが、そこを混同してはいけないと思います。

もちろん、残念に思う気持ちはよくわかりますよ。

ですが、それで「人生終わりだ」と嘆くのは、一側面しか見ていない証拠ではないでしょうか。絶望する前に、どうかもう少しだけ広い視野を持ってください。

仏教の教えの中に、興味深いエピソードがあります。

これは、ブッダがマヒー川のほとりを歩き、ダニヤさんという牛飼いに出会ったときのお話です。古代インドでは、初めて会った人と即興の詩をつくって、お互いの思いを伝えあうという風習がありました。

そこでダニヤさんは詩をつくり、こんな思いをブッダに伝えました。

私はもう乳搾りの仕事を終えて、今日はすでにご飯の用意も終わっています。
家にはしっかりとした屋根もあり、愛しい妻と子どもがいて、囲炉裏《いろり》には温かな火も燃えています。
私は心から安心し切っているので、神様、もし雨を降らそうというなら、どうぞ降らせてください。

ダニヤさんはこの詩を通して、自分がいかに安心し、安らかな心でいるかを語ったのです。

それに対し、ブッダは次のように応えました。

私はもう怒りを断ち切り、心のこだわりからもすべて離れてしまいました。
マヒー川の岸辺に、たった一人、仮の宿で住んでいます。
私には家がなく、火が燃えていることもありません。
それでも私は安心しているので、神様、もし雨を降らそうというなら、どうぞ降らせてください。

さて、両者の違いを、あなたは感じ取ることができたでしょうか。

ダニヤさんは自分が安心できる状況、環境であることを語り、ブッダは「何も持たずとも、心安らかでいられる」と語りました。

つまり、ブッダはこの詩によって「ものに依存しない生き方」の大切さを説いているのです。

とかく、人は「何かがあるから安心だ」という考えにとらわれがちです。

しかし、どんなに豊かな財産を築いても、それが永遠に残ることはありません。まして、大きな自然災害が襲ってきたら、いとも簡単に壊れてしまうのですよ。

そもそも、私たちは自然を管理することなどできません。自然の猛威にさらされたら、家や財産が奪われるのも仕方がないことです。

もし壊れてしまったら、またつくればいい。ただそれだけのことです。

そのときに大事なのは、精神が一緒に壊れてしまわないことです。

地震や津波でものが壊れてしまったからといって、心まで壊されてはいけないのです。


地震や津波ほどの大災害ではないにせよ、日々の暮らしの中では、さまざまなダメージを受ける機会がたくさんあります。

仕事で失敗した、人間関係がうまくいかなくなってしまったなど、数え上げればキリがありませんね。

もちろん、これらは喜ばしい状況ではありません。

ですが、起こってしまったことは仕方ありません。自然と同様、仕事や人間関係を思い通りに管理することなど、もともと不可能なのです。

しかしそのとき、自分の精神まで壊滅的なダメージを受けてはいけません。

自然は管理できませんが、自分の精神は管理できます。

仕事や他人は管理できませんが、自分の精神は管理できます。

この事実を、絶対に忘れないでくださいね。


病気やケガをした人が、たまに私のところに救いを求めてやってきます。

そのとき、私は**「たとえ体が壊れても、けっして心が病気にならないようにしてください」**といいます。

仮にそれが不治の病であっても、心さえ健康ならば、しっかりと生きることができるからです。

もっといえば、私たちは自分の心しか管理しようがないのです。

だからこそ、心を管理する。

管理・制御のきかないもの（自分の外側にある仕事や他人、自然、病気など）に目を向けるのではなく、管理可能な自分の精神に目を向けて、鍛錬してください。

私たちが豊かに生きていく上で、それがもっとも合理的な方法なのですから。

第7話

「仕事を楽しめない」ことは恥ずかしいこと

大人は「工夫しながら」仕事をする

仕事も、人生も、楽しまなければダメ。

そういうとすぐに、「どうしたら楽しめますか?」とか、「楽しみを見つけるコツはありますか?」と聞いてくる人がいます。

はっきりいって、仕事の楽しみなんて自分で見つけるものです。

「こうすれば楽しみが見つかる」という決まったやり方などありません。

しかし、そういってしまっては身も蓋もないので、ヒントを紹介しましょう。

そもそも仕事とは、「相手のためになることをやる」というのが出発点。

「楽しみ」を見つけたいなら、何よりもまずその「原点」に立ち戻ってみてください。

「誰かの役に立っている」ということに喜びを感じる。

これが、仕事を楽しむ最大のコツなのです。

どんな人でも、相手を喜ばせることができたとき、自分も喜びを感じているでしょう。

それは仕事の現場でも、もちろん同じです。

たとえば、みんなが嫌がる仕事を与えられたとしましょう。

そんなとき、苦しみばかりを探す人は、

「どうして私がやらなきゃいけないいんだ！」

「他の人に頼めばいいのに」

と思うでしょう。

まさに、心が病気の状態です。

こんなときこそ、ちょっと違う角度で考えてみてください。

「誰もが嫌がっている仕事をやる」なんて、もっとも人の役に立てる場面ではないでしょうか。


みんなが嫌がっている仕事を自分がやれば、周囲は喜んでくれる。みんなに感謝され、必要とされる。

それこそ仕事の醍醐味《だいごみ》です。


この心を持っていることこそ、仕事を楽しむコツなのです。

さらにもう一つのコツをつけ加えておくと、「どうせやるなら、気持ちよく引き受けて、文句一ついわずにやる」ということです。

いくら文句をいったって、自分の気持ちが暗くなり、他人から「アイツは文句ばっかりだ」と思われるだけです。何のメリットもありません。

気持ちよく引き受けて、黙って仕事を始めるほうが、自分にとっても、周囲にとっても、効果的です。

さらにもう一つ。

同じやるなら、「こうやれば、もっと時間を短縮できる」「次はここのやり方を変えてみよう」などと工夫しながらやったほうが、格段に楽しくなります。

結局、「仕事の楽しみが見つけられない」という人は、「自分はもっとこんな仕事がやりたい」「こんな能力があるはず」と勝手に思い込んで、わがままをいっているだけなのです。

「楽しい仕事」ばかりを求めて、「仕事の中に楽しみを見つける」ことを怠っているのですね。

すでに述べたように、仕事の世界では、わがままは通用しないのが当たり前です。自分の都合とは関係なく、「人のためになること」が仕事の大前提です。

そして、その部分にこそ「仕事の楽しみ」が隠れています。

第8話
「たかが仕事」と気づくだけで、驚くほど人生が楽になる

失敗したって「すべてダメ」にはなりません

仕事で悩み、精神的に参ってしまう。

そんな人が増えています。

あなたは大丈夫ですか？ あるいは、あなたの周囲にそんな人はいませんか？

日本は、中高年の自殺者数が、先進国の中でかなり高いといいます。

なぜ、そんなにも心を病んでしまう人が多いのか。

これは、とても気になる問題です。

一つには、人生の一側面だけを見て、それがすべてだと思い込んでしまう人が多いからでしょう。

言葉にすると簡単ですが、このタイプは意外に多いので、注意が必要です。

本来、人生にはさまざまな側面があります。

一方がダメになっても、その他の方面まですべてダメになることはありません。

当たり前の話です。

Aが倒れたって、BとCは残っている。世の中とはそんなものです。

ところが、一つの側面だけを見て「これがすべてだ」と思い込んでいる人は、そのたった一つが倒れただけで、人生すべてがダメになったと思ってしまう。

それだけ視野が狭くなっているのです。

たとえば、仕事。

本来的には、生きるためにすることはすべて仕事です。

お金が儲かるとか、上司にいわれたとか、そんなことは関係ありません。

しかし、現実には「外で働くこと」「会社へ行ってお金を稼ぐこと」だけを勝手に仕事だと思い込んでいる人が多い。

まさに一側面だけを見て、それをすべてだと思い込んでいるのです。

そして、もっとひどいことに「その仕事が人生のすべて」だと考えている人もけっこういます。

会社へ行ってお金を稼ぐ。その仕事が人生のすべてと考える、いわゆる仕事人間です。

考えてみれば、このタイプの人が簡単に心を病んでしまうのは当然のことです。

「仕事がすべて」だと思い込んでいる人は、その「大事な仕事」が失敗したら、どうなってしまうでしょう。

「ああ、これでオレの人生は終わりだ」と思うのも当たり前です。

全体を見ず、一つだけに固執すると、そのたった一つが壊れただけで、人の精神はくたくたに疲れてしまうのです。

「〇〇が人生のすべて」という具合に視野が狭くなっている人は、もう少しそのリスクを理解するべきです。

会社で仕事がうまくいかなくても、その会社が倒産してしまったとしても、そんなもの、人生全体から見たら、ほんの一部に過ぎませんよ。

一部が倒れただけで人生全体を悲観するなんて、紛れもなく「勘違い」です。

子どもを育てるのも、家族と過ごすのも、お墓参りへ行くのも、友人とおしゃべりするのも、そのすべてが人生。そのうちの一つが失敗したからといって、たいした問題ではありません。

お金を稼ぐ仕事だけが特別なわけではありません。そこを忘れないでください。

一つだけを勝手に特別視して、変な価値を与えてはいけないのです。

第9話

「つらくてもがんばる」のは、本当にいいことか？

「楽しみを見つける心」

「仕事がつらいんです。苦しいんです」

と訴える人はけっこういます。

「では、なぜ続けるのですか？」と聞けば、「仕事だからやめるわけにはいかない」

と答える。

そんな感じで、「つらくても、がんばっている」という人はかなり多いでしょう。

しかし、はっきりいってそれは敗者の考えです。

仕事も、人生も、楽しみながら、喜びを感じながらやるのが大事。

つらく、苦しいことを続けようなんて、私なら思いません。

「つらくても、がんばる」なんて、立派なことでも何でもないのです。

すると、あなたは「そんなことをいわれても、仕事がつらいのだから仕方ないでしょう」といい返したくなるはず。

なぜなら、人は「いかに苦しみをつくるか」という思考に支配されがちな生き物だからです。楽しいことを見つけるよりも、苦しいことを見つけるほうが、はるかに得意な生き物なのです。

「会社でこんな嫌なことがあった」「こんなにも大変だ」「こんな苦しいことを、なぜ自分がやらなければいけないんだ」と、苦しみばかり考えてしまう。

人間には、そういう癖がついているのです。

何か一つ体験したら、「それがいかに苦痛だったか」をせっせと探し始めるのです。

しかし、子どもは正反対。

たとえば、ボールが一つあったとしましょう。まだボールを握ることもできない赤ん坊がボールを与えられたとき、

「なんでボールなんて与えるんだよ！」

「こんなモノじゃ楽しめないじゃないか！」

と文句をいうでしょうか。

そんなことは絶対にありません。ボールが握れないなら、それを蹴って遊びますし、蹴るのがおもしろくなければ、踏んづけて遊ぶでしょう。

そうやって、子どもは楽しみを見つけていくのです。

苦しみばかりを見つけようとする大人とは大違いですね。

本当なら、大人のほうが「ボールの楽しみ方」をたくさん知っているはずなのに「ボールなんてつまらない」「それが、どれほどつまらなくて役に立たないか」という思考に支配されてしまう。

このように、大人になると「与えられた状況から楽しみを見つける」という発想がどんどん失われていってしまいます。

不思議な話です。みんな必死になって、競うように「苦しみ」を探し求めています。自分から苦しみを求めては、「苦しい、苦しい」と文句をいう。

愚かなサイクルだとは思いませんか。

大人たちがそんなふうにしか考えられないのは、心が病気になっている証拠。精神が弱っている表れです。

たとえば、東日本大震災の後、多くの人が避難所で暮らしました。避難所ですから、たしかに不便さもあったでしょう。

実際、そんな境遇に立たされたら、あなたはどう感じるでしょうか。「大変だ」「つらい」「苦しい」と思うのではないでしょうか。

しかし、ちょっと視点を変えてみれば、必ずしもネガティブな面ばかりではないはずです。

普段なら、あいさつもしなかったであろう人と仲よくなるチャンスもあるでしょうし、そこでの出会いによって、新しい仕事やコミュニティが生まれる可能性もあります。

近所の子どもたちと一緒に遊ぶ機会も増えるでしょうし、ギターを弾くのが趣味の人なら、（普段なら誰にも聴いてもらえないところを）周りの人たちが自分の音楽を聴いて楽しんでくれるかもしれません。

意識と視点を変えることができれば、楽しみなんていくらでも見つかるのです。

精神を鍛え、心が病気にならないようにするというのは、まさにそういうことです。**つらく、苦しい状況に耐えるために心を鍛えるのではなく、その状況で楽しみを見つけられるように、健全な精神を鍛える。それが大事なのです。**

けっして「つらくても、がんばる」ことが正しいわけではないのですよ。

蛇口をひねれば際限なく水が出て、お風呂でも、台所でも、好きなだけ水が使えるのはたしかに快適です。浴槽いっぱいにお湯を張って、ゆっくり入浴するのは気持ちがいいでしょう。

それに比べれば、ペットボトルに水を汲《く》んで、わずかな量で顔を洗うのは不便に違いありません。たしかに過酷な状況かもしれません。

しかし、その生活の中にだって「ああ、こうすれば顔全体をきれいに洗えるのか」とか、「ペットボトルをちょっと加工すれば、ものすごく使いやすくなったぞ」などと、楽しみや喜びを見つけることは可能です。

どんなに厳しい仕事の中にも、必ず「楽しみのタネ」はあります。「工夫することによって前よりうまくできた」というだけでも、けっこう楽しいものです。

その楽しさを感じられず、「大変だ、つらい、苦しい」とネガティブなことばかりいうのは、あなた自身の精神が悲惨な状態にある証拠です。

環境は自分の外にあるものなので、管理することも、操作することもできません。**しかし、自分の心は管理できます。そのことを忘れずに、いつでも心を健康にして、どんな状況からでも楽しみを見つけられる人になってください。**

大事なのは「楽しい仕事をする」ことでなく、「仕事から楽しさを見つける」ことなのです。

第10話

「お金」なんて、そんなに価値のあるものか?

「もっと欲しい、もっと欲しい」で心をすり減らさないために

お金とはいったいどんなものなのか。これもよく聞かれる問いです。

仕事について考えるとき、「お金の話は切っても切れない」と考えている人も多いでしょう。

あなたはお金が大事ですか。

そう問われれば、きっと「大事だ」と答えるでしょう。

では、なぜお金は大事なのでしょうか。

なかなかむずかしい問題です。果たして、お金とは何なのでしょう。

現在は「お金がなければ生きていけない」というくらいの世の中になっていますが、長い歴史を紐《ひも》とけば、お金というのは、つい最近生まれたものに過ぎません。

人類の歴史は何十万年も続いていますが、お金が登場したのはせいぜい二、三〇〇〇年前。いってしまえば、つい最近のことです。

物々交換をしていた時代に、もう少し便利にやりとりしようと思い、つくられたもの――それが、お金の起源です。

その大前提を忘れないでくださいね。

私たちが何かについて考えるとき、「ものの価値」を正確にとらえることが肝心です。

お金も同じ。

お金というのは交換の利便性を高めたもので、お金そのものに価値があるわけではありません。

もっといえば、物事に数字を当てはめたもの。それがお金です。

価値があるのは「物事」のほうで、けっして「数字」ではありません。

こんなことをいうと、「そんなことは誰でも知っている」「わざわざいわれるほどのことじゃない」という人が大勢います。

たしかに、頭では理解しているでしょうね。

しかし仕事について考えるとき、あなたは本当にその大前提を理解しているでしょうか。

何かの事業を興すとき、「これはお金になりそうだ」と考えたりはしませんか。

就職先を決めるとき、「ここは給料が高いから」と、優先順位を高くすることはありませんか。

これらはあきらかに、「ものの価値」より「お金の価値」を優先している証拠です。本来、お金というのは「誰かの役に立つ仕事」をして、その「ありがとう」の代わりに発生しているものです。

あなたが「どんな事業をしようか」「どんな仕事に就こうか」を考える際は、「どうしたら自分の力が相手のためになるか」を考えることが第一です。

その結果として、わずかばかりのお金がついてくるかもしれない。お金とはそういう位置づけにあるものです。

「儲かりそうだから」「給料が高いから」という発想に冒されている人は、やはり「お金の価値・意味」を本質的には理解できていません。

お金の価値や意味を忘れて、お金に振りまわされてはいけません。

お金には便利な面もありますが、それが「価値のすべて」になってしまったら、それはとんでもない間違いです。

お金に支配されないためにも、私たちは「お金の本当の価値」を正しく理解するべきなのですよ。

第11話

仕事は、必ず見つかります

ほんの少し視野を広げるだけで……

就職したいのに採用されない。

リストラされて再就職先がない。

そんな悩みをよく耳にします。

そんなふうに悩む人は、視野が狭く、大胆さが足りないと私は感じます。

そもそも「就職できなくて困っている」というのは、単なるシステムの中で物事を考えている証拠です。


順を追って説明しましょう。

たいていの人は高校や大学を卒業したら、会社に入って働くのが当たり前だと思っています。

同じように、会社をリストラされた人はまた別の会社を探して採用してもらおうと思っています。

きっとあなたもそうでしょう。

しかし、この「どこかに採用される」とは、人間が生きていくために絶対必要なものでしょうか。

みんなが盲目的に信じているほど、唯一無二の道なのでしょうか。

そんなはずはありません。

会社に就職するというのは一つの社会システムに過ぎません。それも、一部の人間が勝手につくり上げたシステムです。

そのシステムそのものが、よいとか悪いとかいう話ではありません。

ですが、たった一つのシステムを取り上げて、それが絶対的な社会のしくみだと考えるのは、どう考えても視野が狭すぎます。

生きていく上では、もっと視野を広く持って、大胆に考えることも必要です。

そもそも、ある決まったシステムの中だけですべての物事を完結させようとすること自体、無理がある話です。

「学校を卒業した人はみんな会社に入って働く」というシステムがあったとしても、結局、誰かはその枠からはみ出てしまう。

人がつくったシステムとは、そんなものです。

枠からはみ出てしまった人は、もうこの世界で働くことができないのでしょうか？

そんなバカな話はありません。

システムからはみ出てしまったからといって、世の中から仕事がなくなることはありません。


システムなどという固定観念を取り外せば、やれることは必ずあります。


物事は、極端にするとわかりやすいといわれています。

ここで一つ、極端な例を挙げましょう。

ホームレスの人たちは空き缶や空き瓶《びん》を集めて、それをお金に換えています。これも一つの仕事です。

会社に採用してもらって、毎月給料をもらうというシステムとは大きく異なりますが、仕事であることに変わりはありません。

自分で新しい事業を興してもいいし、家族を手伝うのでもいいでしょう。親戚の子どもの世話をしていたら、いろいろな人から子どもを預けられるようになって、保育所のようになったというケースだってあります。

「働く＝就職」という図式が、非常に狭い発想だということを、私たちはまず理解するべきです。

「それは突飛な考えだ」と受け入れがたい人もいるかもしれませんが、その大原則を理解することも大切です。

「仕事がない」と嘆く人の多くは「仕事がない」のではなく、「ある決まったシステムの中で働くことができない」というだけのこと。

もっといえば、「自分が働きたいように働けない」と考えているだけです。

厳しくいえば、それは一つの甘えでしょう。

もちろん、就職することが悪いわけではありません。

ですが、「働く＝就職」という特定のシステムの枠にとらわれるのは問題です。

世の中を注意深く観察すれば、どんな仕事が求められ、自分に何ができるのかを知ることは、必ずできます。

すでに述べたように、マスターは社会で、人はみんな使用人です。

「こんな会社で仕事がしたい」

「このくらいの給料が欲しい」

などとシステムの枠の中で考えているうちはうまくいかないでしょうが、大胆にその枠を取り払ってしまえば、必ず仕事は見つかります。

そんな大胆で、タフな発想を身につけてください。


余談ながら、人間のつくったシステムなんて、いつかどこかで崩壊します。東北で起こった大震災を見ればそれはあきらかです。

「○○会社の課長です」

「私は会社を経営していました」

「何十年も漁師をしていました」

といろいろいったところで、地震と津波に襲われてしまえば、一瞬にしてそのシステムは崩壊します。

旧来のシステムが崩壊してしまったとき、私たちは過去の職業も、役職もすべて捨てて、みんなで協力し、必要な仕事をそれぞれが一生懸命するしかありません。

「津波で船が壊れてしまって、働くことができない」

「家業が酒屋だったのに、家が流されて仕事ができない」

といいたくなるのも、状況的にはわかります。


しかしそんなときこそ、以前のシステムなど忘れてしまえばいいのです。

自分がどんな仕事をしていたとか、会社でどんな役職だったとか、以前は何を持っていたかなど、考えても仕方のないことです。

過酷な状況にいるときこそ、システムにすがるのではなく、もっと大胆に新しいことに目を向けていくべきなのです。


システムなどという人工的かつ一時的なものに縛られるのではなく、もっと広い視野で、

「いま、どんな仕事をすればいいか？」

「自分にはどんなことができるのか？」

を考えてみてください。
きっと新しい何かが見つかるはずです。

2章

人間関係がもっとうまくいく極意

——我慢しないで好感度がアップする方法

第12話

「自分に正直」に話すのはいけません

「自分の話など、相手は聞きたくない」が基本

どうしたらコミュニケーションがうまく取れるようになるのか。

そんな話もよく話題になります。

仕事をするからには、人とのつき合いは不可欠。当然、コミュニケーション能力も問われるでしょう。

コミュニケーションには、とりあえずツボのようなものがあります。そのツボを意識するだけでも、コミュニケーション能力は向上します。


では、まずは誰かに話をする場合について。

私は大勢の人の前で話す機会も多いですし、個人的にもうまくコミュニケーションしなければならない場面がたくさんあります。

そこではっきりしているのは、**「自分のいいたいことなど、相手は聞きたくない」**ということです。

これがコミュニケーションの基本。それが真実です。

たいていの人は、つい「自分のいいたいこと」を話してしまう。しかしそれでは、話すほうは気持ちがよくても、聞かされる相手は大概、苦痛です。

逆の立場に立ってみれば、あきらかでしょう。

「私はこんなことがいいたい」「こんなことを話したい」「こんなふうにわかってもらいたい」と、自分本位で話す人とつき合いたいと思いますか。

私なら、絶対嫌です。

「あなたのいいたいことになんて、私はまったく興味ありませんよ」といいたくなります。

つまり、その反対がコミュニケーションの極意です。

「どうしたら相手が喜ぶか」「何を聞きたがっているか」を考え、工夫することです。コミュニケーションとは「相手に喜びを与えること」だからです。

もし、営業マンが何かの商品を売ろうとするとき、「なんとかして売りたい」「とにかく買って欲しい」とばかり考えていたとしたら、コミュニケーションなんて成り立ちません。相手は退屈するだけで、喜びなど微塵《みじん》も感じないからです。

相手が商品の説明を聞きたがっているのか、自分が困っていることを話したがっているのか、あるいは「さっさと帰って欲しい」と思っているのかなど、相手の思いをつかまなければ、コミュニケーションは成立しません。コミュニケーションが成立しないで、いい仕事などできるはずがありません。

ミーティングや会議だって同じこと。

自分が発言するときは、「自分の意見をいう場面」だと思っている人も多いようですが、それは自分勝手な考えです。

話をするとは、相手に喜びを与えること。自分本位の押しつけなど、まったく意味がありません。

だからこそ、「何を」「どんなふうに」「どんな言葉で」「どんなトーンで話すのか」を徹底的に考えるのです。

「自分の意見は自由にいっていい」というのは傲慢で、独善的な考えです。

自分の意見だろうが何だろうが、「相手に届きやすいもの」「相手が受け取って喜ぶもの」を口にすることが、コミュニケーションの大前提です。

その意識さえ持っていれば、コミュニケーションは以前よりずっとスムーズに、快適になるはずです。

余談ながら、私の場合は「相手にとってかなりむずかしい話」をしなければならないことがあります。仏教の話の中には、とても難解なものも含まれるからです。

そんなとき、私は、聞いている大勢の人たちに向かって、

「今日はみなさん、寝る準備をしてください」

といいます。

「今日、これから話す内容は、正気の人にはちょっと聞いていられないくらいむずかしいんです」と最初にいってしまうのです。そして、

「ただし、いびきだけは勘弁してください。周りの人の迷惑になりますから」

とつけ加えます。

そういうと不思議なもので、けっこうみんな真剣に身を乗り出して聞いてくれます。

「そんなにむずかしいなら、一生懸命話を聞いて、しっかり理解してやるぞ」という気持ちが湧き起こってくるようです。

いずれにせよ、自分がこれから話そうとしている内容が、「相手にとってむずかし

い話」、「喜びを与えられない話」かもしれないと思ったら、「寝る準備をしてください」くらいのことをいってしまうのも一案。

もちろん半分は冗談ですが、相手のことを考えたら、そのくらいの配慮があって当然でしょう。

夢中で話す人ほど、自己統制がきかなくなり、思いのままに話してしまうものですが、それでは聞き手はたまりません。

ですから、話をするときにもっとも大事なのは、自分をセーブすることです。

自分の話したいことを話すなど、もってのほか。

まして、感情の赴《おもむ》くままに話すなど、聞かされる相手にとっては苦痛以外の何ものでもありませんよ。

繰り返しになりますが、あなたのいいたいことなど、相手は聞きたがっていません。

とにかく冷静になり、状況を把握し、自己をセーブして「何を、どう話すべきか」「相手は何を聞きたがっているか」を考えてください。

話し方がうまい、下手という前に、その段階をクリアしないことには、コミュニケーションは成立しないのです。

第13話

重要なのは「聞く」ことよりも「受け流す」こと

もっと自然体になればいいのです

人の話を聞くとき、何を意識すればいいか。

私の答えは、実にシンプルです。

自分の役に立つものだけを聞いて、他は無視する。

これが一番でしょう。

どんなに偉い人の話だって、自分の役に立たないものを一生懸命聞いたところで、何の意味もありません。

そんなものは、時間と労力の無駄です。

だから、私は「ああ、これは自分に役立ちそうだ」という情報だけを頭に入れて、その他はばっさり捨ててしまうことにしています。

子どもは成長する段階で、自然にそうやって選別しているじゃないですか。

元来、子どもたちは自分の興味がある話しか熱心に聞きません。

興味があるもの、気になる事柄には夢中になりますが、それ以外は見向きもしない。

それが当たり前。それが、本来の人間の姿なのです。

ところが、大人になると「情報をいっぱい持っているのが偉い」とか「人の話は最初から最後まできちんと聞かなければいけない」など、困った知識ばかりが先に立って、本来できていた選別ができなくなってしまうのです。

私たちは、もっと自然でいいのですよ。

特に、最近は情報化社会なので、望まなくても膨大な情報が入ってきます。

それらをすべてキャッチしようとしていたら、時間がいくらあっても足りません。

私は世界のことに興味があるので、ニュースを見たり新聞記事を読んだりはしますが、それに関連するブログなどは読みません。

「誰がどう思うか」というところまで、興味を持って読む必要がないと思っているからです。

もちろん例外的なケースもあって、「福島の原発について、世界の人がどう反応しているのか」といった話題には興味があるので、いろいろな人の意見を読みもします。

しかし、その場合でも「自分にとって役に立つのか」という基準で線を引き、不要な情報はばっさり捨てています。

「自分のいいたいことなど、相手は求めていない」と前項で述べた通り、話を聞く側は「自分が求めているもの」「役に立つもの」だけをピックアップすればいいのです。

「いろんな情報を知っていないと不安だ」

「このくらいの話題にはついていかなければいけない」

というのは、情報に踊らされている状態。

すべては妄想の産物です。

情報が氾濫する世の中を変えることはできませんが、せめて自分自身くらい、きちんと管理するべきです。

インターネットやテレビなどのメディアから発信された情報にしても、目の前の人が話している情報にしても、まず「自分に必要か？」「役に立つか？」を考え、不要なものはどんどん切り捨ててしまって構わないのです。

むしろ、それがもっとも自然な形なのです。

第14話

「好き嫌い」は他人が決めること

目を向けるべきは「まず、自分の行動」

「人に慕われたいのですが、どうしたらいいですか？」

そんな質問を受けることがあります。

組織に属して仕事をしていれば、年齢やキャリアに応じて人の上に立つこともあるでしょう。

そんなとき、「どうしたら、私は部下から慕われるのだろうか？」と考える人がいても、不思議ではありません。

しかし、はっきりいって「どうしたら慕われるか？」なんて考えていること自体、完全に間違っています。

だって、「あなたを慕うか、慕わないか」なんて、相手が勝手に決めることでしょう。

相手の自由を奪ってまで、「私を慕ってください」というなんてことが、通用するはずがありません。

「慕われたい」「信頼されたい」と思うのは自由ですが、そんなことを考えているうちは、他人から慕われませんよ。

逆の立場で考えてみてください。

あなたの上司が、あなたに仕事のやり方を教えてくれているとします。その際、「ああ、この上司は私に慕って欲しいんだな」とわかったら、あなたはその上司を慕いますか。

そんなことはあり得ないでしょう。

「なんだかこの上司、気持ち悪いな」と思うのが関の山です。

人間関係とはそんなもの。男女の関係だって同じです。

たとえばものすごく好きな女性がいたとして、「あの人に好かれたいな」と思ってしつこく追いかけても、「気持ち悪い」と思われ、敬遠されてしまうでしょう。

「慕われたい」「信頼されたい」と思うのは、人間のエゴです。

そんな思いが根底に流れていたら、人とのつき合いはけっしてうまくいきません。

すでに述べたように、「仕事とは相手のために役に立つことをする」というのが原則です。そして、コミュニケーションは「相手が喜ぶように話す」のが基本。

つまり、もともとが「相手のため」「相手を喜ばせるため」の行為なのです。

慕われるかどうかは、その結果の話です。

自分が上司になったとき、「部下が気持ちよく仕事をするために、こんなふうに変えてみよう」とか、「こんなことを教えてあげたら、もしかしたら仕事がスムーズになるかもしれない」と思って、ちょっとした配慮をしてあげる。

その行為が部下のためになったら、自然に部下はあなたを慕うようになるかもしれませんし、慕わないかもしれません。

それは、相手が勝手に決めることです。あなたが関与する問題ではありません。

もちろん、あなたは相手が慕ってくれれば嬉しいでしょうし、慕ってくれなければ残念な思いをすることでしょう。

でも、「相手のために役に立つことをする」という仕事の基本は何ら変わりません。「慕ってくれるからやる」とか、「慕ってくれないからやらない」という話ではないのです。そのあたりを勘違いしないでくださいね。

「慕ってくれるか、くれないか」なんて相手の問題に意識を傾けるのではなく、「相手の役に立つために、自分がどうすべきか」という、仕事の基本に立ち返ることのほうが、はるかに大切なのですよ。

第15話

「価値観なんて違って当たり前」と心得る

仲よくするとは、「相手と自分の差を認めること」

あの人とは価値観が違うから一緒に仕事をしにくい。

そんな文句をいう人がいます。

私から見れば、これは驚きの発言です。

だって価値観が違うのは当たり前の話。一〇人いれば一〇通りの価値観があって当然です。

さらに驚きなのは、まるで自分の価値観は正しく、相手の価値観は間違っているようないい方をする人がいることです。

「あの人はこんなふうに思っているみたいだけど、あれっておかしいよね」とか、「アイツみたいな考え方では、まともな仕事なんてできないよ」など。

はっきりいって、価値観に、正しいも間違っているもありません。ただ勝手に存在しているだけです。

そんなものを、いちいち他人が評価するのはおかしな話です。

どんな場面で、どんな人と会ったとしても、価値観が違うのは当たり前です。価値観のみならず、能力も、人格も、育ってきた環境もまったく違うのです。

まずはこの事実を認めなければいけません。「同じであること」を期待するのは、実にナンセンスなのです。

違いを認めないというのは、自分の身勝手な価値観を相手に強要するのと同じです。もし自分がそんなことをされたら、とても嫌な思いをするのではないでしょうか。

仏教ではさまざまな教え、戒律がありますが、けっして強制はしていません。そもそも何を信じ、どんな生き方をするかは、個人に自由に委ねられているからです。それが正しい考えであれ、とんでもなく間違った思想であれ、自分の頭で考えることは完璧に自由。その権利を奪うことは誰にもできません。

教えというのは、本人が納得しなければ、何の効果もありません。「仏教を信仰しなければ、あなたは地獄に堕《お》ちますよ」と脅し、強制したところで意味などないのです。

まして「こっちは正しくて、そっちは間違っている」なんていい争っても仕方ありません。

もちろん「私はこんなふうに考えています」「こんなすばらしい考え方がありま
す」と教えてあげることはできます。

しかし、それもあくまでも教えてあげるだけであって、強制するものではありませ
ん。

価値観は人それぞれ。

その前提を理解し、相手の価値観を尊重することは、人間関係を築く上での基本中
の基本です。

では、仕事の現場ではどうしたらいいのでしょうか。

価値観も能力も何もかも違うからといって、みんなが勝手な方向を向いていては仕
事になりませんね。

そこで大事になるのが、目的です。

二人以上の人が集まって一つの仕事をする場合、必ず何か目的があるはずです。

明日までにこの資料をつくり上げるとか、今日中にこの商品を一〇〇個売るとか、

何かしらの目的や目標があります。

その場に集まっている人たちは、その目的に向かって仕事をする。この単純な共通理解が必要です。

目的の前では個人の価値観も、性格も、関係ありません。

「私はこうしたい、ああしたい」という思いではなく、「どうしたら目的を達成できるか」という視点で全員が考える。それが当たり前なのです。

そして、その意見がまとまらないときは、リーダーが調整すればいいのです（リーダーについては、3章で詳しく述べます）。

自分の意見を通そうとしたり、「価値観、考え方が違う」と嘆いたりする人は、その根本を誤解しているのですよ。

Aさんも、Bさんも、Cさんも、Dさんも、みんなバラバラ。それが当たり前です。

そんな人たちが集まって仕事をするのですから、それぞれの自我が通るはずがありません。

自我なんて脇に置いて、ただ目的のために仕事をするのが、ごく自然な状態です。

よく「あの人とは価値観が同じだから仲よくできる」とか「感じ方が同じだから、

スムーズに仕事ができる」などという話を聞きますが、根本的に違うと私は思います。

人が二人集まれば「価値観が同じ」ことなどあり得ません。

仲よくするとは、相手と自分の差を認めることです。間違っても「仲よし＝同じであること」ではありません。

「同じであること」を求めていたら、どんなコミュニティにいても、結局は窮屈に感じます。

周囲の人たち、環境に対して「自分と同じ価値観であって欲しい」と願っても、その願いはけっして叶わないからです。

周囲があなたに合わせてくれるはずがありませんからね。

周りの人たちは、あなたとはまるで違う価値観、人格のまま、ただそこに存在し、何も変わってはくれません。

ですが、それでいいのです。それがもっとも自然で、当たり前の姿なのです。

何よりもまず、相手との違いを受け入れてください。

泣いても、わめいても、文句をいっても、それが現実なのです。

第16話

状況をよくしたいなら、ごますりをすればいい

人づき合いが苦手な人は、「現状把握」が甘い

職場の悩みの第一位は、いつも変わらず人間関係です。

「どうしたら職場の人間関係がうまくいきますか？」と率直に質問してくる人もいます。


人間関係がうまくいく方法はたしかにあります。

それは何より「状況を正確に把握すること」です。

「人間関係と状況把握がどうつながっているの？」と首をひねる人もいるかもしれませんが、人間関係で悩んでいる人は、とにかく状況把握が甘いのです。

「上司とウマが合わなくて仕事をしているのが苦痛なんです」

とか、

「同僚でどうしても性格の合わない人がいて、一緒に仕事をしていると、いつも衝突してしまう」

とか、人間関係の問題を口にする人は大勢いますが、状況を把握し、分析している人はほとんどいません。

ここが大きな問題です。

結局は自分に都合のいい話だけを持ち出し、自分の感情の中だけで「こんなにつらい」「うまくいかない！」と嘆いているのです。

あなたはどうでしょうか。

よくある話ですが、「嫌な上司とうまくつき合うにはどうしたらいいか」という問題があるでしょう。

性格も合わないし、仕事のやり方に関する意見も合わない。そんな調子なので、上司があなたを好いているわけはないし、評価もしてくれない。

こんな状況に立ったとしたら、あなたはどう対処するでしょうか。

こんなときこそ、何よりもまず正確な状況把握が必要です。

「嫌な上司」というあいまいなものではなく、「何が、どう嫌なのか」「なぜ嫌なのか」「それは相手の問題か」「自分の問題なのか」と、冷静かつ公正に考えるのです。

感情ではありません。

理性で考えるのです。

たとえば「上司の顔が気に入らない」というならば、それはあなたのわがままです。

あなたが気持ちよく働くために「顔を変えてください」と上司にいえますか。

そんな話は通るわけがありませんね。

あるいは、「上司があなたをまったく評価していない」「だから嫌だ」ということがわかってきたとしましょう。

すると、問題は一歩前に進みます。

次は「なぜ、あなたは、評価されないのか」と考えます。

もしあなたの能力が足りないなら、評価されないのは当然です。努力して、能力をつけるしかないでしょう。文句をいっている場合ではありません。

しかし、実際に起こっている人間関係の問題とはそんな明快なものではなく、もっと微妙で複雑なものではないでしょうか。

もう少し複雑なケースを考えてみましょう。たとえば、こんな感じです。

あなたの直属の上司は、部下から「よいしょ」や「ごますり」をされるのが大好きな人です。

ところが、あなたは性格的にその種のことができない。「そんなことをしてまで上司に好かれたいとは思わない」と、つい考えてしまうタイプだったとしましょう。

その結果、あなたはなんとなく上司から嫌われ、当然評価もされなくなる。

こんな場合、どうしたらいいでしょうか。

私の答えは単純です。

職場環境をよくしたいなら、上司にお世辞をいったり、ごますりをしたりすればいいということです。

何度も述べている通り、そもそも仕事というのは個人の都合や希望、事情などを考慮してくれる世界ではありません。

自分自身が与えられた環境に順応するしかないのです。

「自分をよいしょしてくれる部下を評価し、してくれない人は評価しないなんて、上司として失格だ！」

と、あなたはいいたいかもしれません。

しかし、そんなことをしても無駄。「相手が悪い」「自分は悪くない」と犯人捜しみたいなことをしても、まったく意味がないのですよ。

私たちは誰しも環境を変えることはできません。つまり、自分自身を変えることで、環境に適応するしかないのです。もはや、「よい、悪いの世界」ではありません。

上司が「褒《ほ》めて欲しい」と思っているなら、褒めてあげればいいだけのこと。

こんなことをいうと、「自分自身が変わるのなら、上司のほうも変わって欲しい」という人がいますが、その発想自体、「周囲の環境を変えようとしている」証拠です。

周囲の環境を変えようとするなんて、あきらかに無謀で、無益な戦いです。

そんな不可能なことに力を注ぐくらいなら、自分の精神をコントロールすることに精力を傾けたほうが、よほど効果的なのです。

上司、同僚、部下、取引先の人、お客様など、多くの人と交流すれば、中には自分と合わない人もいるでしょう。ときには、「この人のいうことはまるで筋が通らない」と憤《いきどお》ることもあるでしょう。

しかし、そもそも仕事というのは自我が通らないもの。会議の最中に「私は眠くなったので一旦家に帰ります」などということが通用しますか。

そんなことをいったら、会社中の笑いものになるでしょう。

だから、順応するしかないのです。相手がどうあれ、適応するほかありません。

そのために、自分自身の心を鍛えること。

相手をとやかくいうよりも、そのほうがはるかに合理的なのですよ。

第17話

幸せに〝一人勝ち〟なんてありません

仲間同士が競い合ってはいけない！

仲間とはどういうものか。

ここではこのテーマについて考えてみましょう。

とはいえ、それほどむずかしく考える必要はまったくありません。

仲間とは単純に「協力し合うもの」です。

その意識さえあれば、仲間とはうまくやっていけます。

ところが実際には、協力どころか、競争し、足の引っ張り合いをしていることもよくあります。表面上は協力しながら、心の中で競争しているというケースもあるでしょう。

嘆かわしいことに、社会や会社全体が競争を奨励しているところもあります。

だから、本当の仲間がいなくなってしまうのです。

そもそも競争とは破壊、奪い合いです。そこからは何も生まれません。

たとえばアメリカは競争が当たり前の社会です。

アメリカの企業の多くは、同じ会社の社員同士を競わせて、その成績によって優劣をつけています。日本にも似たような会社はいっぱいあります。

私の印象では二〇年くらい前から、実力主義、成果主義がもてはやされ、社内競争が激化しています。

しかし、はっきりいって、そんなやり方が長く通用するわけがありません。

競争社会というと、経済が活性化して、社会全体が盛り上がると思っている人も多いようですが、それはあきらかに近視眼的な発想です。一時的には儲かっても、永続的にうまくいくシステムではありません。

本来、世の中は共存の世界だからです。

競争を繰り返して、最強の存在を決めるような世界ではありません。

どんなに激しい競争をしていても、ひとたび大きな災害が起これば、一人では何もできません。そんな中で私たちは互いに協力し、助け合って生きていくしかありません。

平穏な日常を暮らしていると、「私たちは協力しなければ生きていけない」ということをすぐに忘れてしまい、またしても競争の世の中に戻ってしまいます。

しかし、東日本大震災のときのことを思い出せば、私たちが協力し合わなければいけないことは、あきらかではないでしょうか。

自然の猛威の前で、私たちができることなどありません。

ただ、その環境をそのまま受け入れるしかありません。

そんな状況のとき、私たちは協力することによってのみ、復興を果たしたり、命をつないだりすることができます。

ちょっとくらい営業成績がいいからといって、たった一人で何ができますか。壊れた建物や道路をつくり直すことができるでしょうか。

競争社会の勝者だって、結局、何もできないのですよ。

そこまでの有事でなくても、状況は同じです。

社員同士が協力し合える会社なら、あなたが個人的な用事があるときに「この仕事、代わりにやっておいてくれないかな」とお願いすることができます。

すると相手は「自分がやっておくから、急いで自分の用事を済ませてきたらいいよ」と答えてくれるでしょう。

すると当然、立場が逆になったとき「相手を助けよう」という気持ちになります。

ところが、相互協力できない会社では、こうはいきません。

家族に何かあったときでも、仲間に仕事を頼むことができない。

結果として、あなたは「家族をないがしろにするか」「自分のキャリアを投げ打って、社内の敗者となってしまうか」を選択しなければならなくなります。

実に厳しい選択ですね。

そんな会社で働くことが、果たして本当に幸せでしょうか。

どんなに成績が優秀でも、いかに給料が高くても、いつかは精神が壊れてしまいますよ。


自然界に目を向けてみると、野生の動物たちの中には、自分の欲望に任せて際限なく獲物を食べるものはいません。

肉食動物が草食動物を食べるときも、草食動物が草木を食べるときも、必要な分に留め、けっして食べ尽くしたりはしないのです。

命を奪い合うという究極の敵対関係にありながら、世界が共存社会であることを、彼らは本能的に知っているからです。

自分のことだけを考え、必死に他人と競争し、売上げを伸ばすことに全力を傾ける。そんなことをしているのは人間だけですよ。

仲間とは、協力し合うもの。

世界とは共存していくもの。

何も道徳的な意味でいっているのではなく、それがこの世界の摂理なのです。

競争をして、自分（あるいは限られた者）だけが生き残ろうなんて、一時的には成功しても、いつかは滅びてしまいます。

個人レベルはもちろん、会社や国家レベルにおいても、そのことを改めて考え直す必要があります。

第18話

常に「愛語」を口にしなさい

愛語とは、「聞いた人が喜びを感じる」言葉

コミュニケーションの基本となる「言葉」についても少し述べておきましょう。

誰かに言葉をかけるとき、それは「愛語《あいご》」でなければなりません。

愛語とは、仏教の世界の言葉ですが、端的にいえば、「聞いた人が喜びを感じる、相手が聞きたいと思う言葉」のことです。

さらにいえば、聞いていて耳障りではなく、波長がとてもよい言葉です。

相手のことを考えず、自分のいいたいこと、自分の感情、都合で言葉を選んでいるうちは愛語になりません。

相手に言葉をかけるとき、愛語であるかどうかを意識することが大切です。

相手に言葉をかける。これはコミュニケーションの基本。

その際、本気で相手のことを思い、心配し、相手が喜ぶような言葉を選ぶ。

そうやってコミュニケーションは成り立っていくのです。

相手を嫌な気分にさせてしまったら、そこでコミュニケーションは終わりです。

「いっていることが正しい、正しくない」とか「自分のいいたい内容かどうか」など、

いろいろいってみたところで、コミュニケーションが成り立たなければ何の価値もありません。

だからこそ、努めて愛語を口にしなければいけないのです。

たとえば、相手を叱るとき。上司が部下を叱る場面はよくあるでしょう。

そんなとき、本当に相手のことを思い、心配して叱っているかが重要です。相手も人間ですから、その思いがあるかどうかは敏感に察知します。

部下が失敗して、上司の自分が責任を取らされる。そのことに怒り、感情を部下にぶつけてしまったら、何も相手には伝わりません。コミュニケーションの崩壊です。

しかし、その上司が本当に部下のことを心配し、その人の将来を思って叱るのだとしたら、発せられる言葉もまた変わってくるはずです。

その場合は、自然に、愛語になってしまうのです。親子だって、友人だって同じです。

愛語というのは「相手が喜ぶ言葉」。

その場では厳しい言葉であっても、本気で相手のことを思った言葉であれば、相手もいずれ気づいてくれるでしょう。

そして、その言葉に感謝し、喜んでくれるはずです。

相手のことを思い、本気で心配する心のことを、ブッダは「慈しみ」という言葉で教えています。

部下であろうと、上司であろうと、友人であろうと、動物であろうと、どんなものにも慈しみの心を持って接すれば、自然に言葉は愛語になります。

仏教でいう「慈しみの心」を本当に身につけるには、特別な訓練が必要です。

しかし、日常的に仕事をする上では「本気で相手のことを心配する」という意識を持っていれば十分でしょう。

本来、心というのはエゴイスティックなもので、すぐに自分本位で考えようとするものです。その本能をまるっきり入れ替え、慈しみの心を育てるのも、仏教の修行の一つです。

そう簡単にできることではありませんが、そうした意識を持つことで、少しずつ心は変わっていくはずです。

心が変われば、当然言葉も変わってきます。

第19話

頭のいい人は、言葉をもって心に伝える

これが「コミュニケーションの基本」です

日本には「以心伝心」という言葉があります。

言葉に出さなくても、心が伝わるというすばらしい関係です。

しかし残念ながら、そんなことは滅多に起こりません。

慈しみを持った人同士の間でごくまれに起こりますが、普通はないと考えたほうがいいでしょう。

だから、言葉にすることが大切なのです。

言葉で表現しなければ相手には伝わりませんし、伝わらなければ相手は勝手に妄想します。相手の勝手な妄想に任せたりしたら、コミュニケーションは成立しません。

物事というのは相手の妄想に任せてはいけません。

意味をはっきりさせなければいけないのです。

そもそも仏教とは、実に合理的で、科学的なものです。

「あいまいなまま相手の妄想に任せていい」などという考えは存在しません。

だいたい、「言葉にしなくてもわかって欲しい」と思うのは身勝手です。相手に対して「こんなふうに理解して欲しい」と自分の願いを強要するようなものです。それでいて、相手がわかってくれないと「どうしてわかってくれないの」と落胆し、相手を責めたりする。

そんなわがままな話があるでしょうか。

ビジネスの現場でも、度々その種の問題が発生します。

たとえば上司から部下に向かって、「そのくらい、いわなくてもわかるだろう」なんて言葉が発せられることがあります。

上司は「いわなくてもわかる」と勝手な妄想を膨らませ、部下は「いわれていないのだから、そんなことまで理解することはできない」と不満を漏らす。

合理的な仏教の立場からすれば、期待や妄想といった不確かなものをアテにしてはいけません。

実際のところ、「いわなくてもわかること」などありません。

だから、きちんと言葉にしていうべきなのです。

問題は「どんな言葉で、どんないい方をするか」なのです。

そのときは、もちろん愛語でなければなりません。

相手のことを思い、喜ばせようという意識を持って、きちんと相手に伝える。

それを怠っておいて「わかるはずだろう」「理解してくれると思っていた」というのでは通りません。

この場合は、相手の妄想に任せた自分が一〇〇％悪いのです。

第20話

会話上手な人は「共通点探し」がうまい人

こう考えると、会話がグッとラクになります

少し前から、日本では「空気が読めない」という表現がよく使われるようになりました。

いわゆる「ＫＹ」というヤツです。

誰かと話をするとき、たしかに空気を読むことは大切です。

ただ問題なのは「空気とはいったい何か？」ということがはっきりしない点です。

あなたは「空気」という存在をはっきり認識しているでしょうか。

特に日本語の場合、あいまいなものをあいまいなままにしておくことが、とても多いようです。

実際に「空気を読め」といわれても、肝心の「空気」の存在がはっきりしなければ、どう読めばいいのかわかりません。

元来、脳というのは論理的に機能するものです。あいまいでは脳が正しく働きません。

いくら私が自分の脳に「空気を読め」と指令を出しても、「空気」があいまいなままでは、脳はどう動けばいいのかわからないのです。

仏教も常に科学的かつ具体的です。

あいまいなままでは、正しい共通理解が得られないので、どんなものでもはっきりと定義されます。

はっきりと定義されるからこそ、人々はその概念を理解し、自分の成長に役立てられるのです。

では、ここでいう「空気」とはいったい何でしょうか。

結論からいってしまえば、空気とは「共通点」です。

たとえば、三人が集まって話しているとします。

人にはそれぞれ自分を中心とした輪のようなものがあります。自分の知識、興味の対象、感覚的に反応する事象など、自分の領域みたいなものです。

三人集まれば、当然三つの輪が存在します。

その三つの輪が重なっている部分、つまりは共通点がその場の「空気」となるわけです。「共通する環境」といい換えることもできるでしょう。

たとえば、Aさんが、

「実は最近、こんなことに興味を持ってまして……」

と話し始めたとします。

ところが、Bさん、Cさんがその内容にまったく興味を示さなければ、Aさんは「空気の読めないヤツ」と思われるでしょう。

三つの輪の交わっている部分でなく、自分一人の領域で話しているからです。つまるところ、共通する環境に則って話ができていないわけです。

複数で話をするとき、注目すべきは共通点。

ここを意識してみてください。

知識や経験という共通点はもちろん、興味や気分についても「どのあたりが共通しているのか」を考えることが、いわゆる「空気を読む」ことなのです。

第21話

頭と心を空っぽにして「歩み寄る」

他人に意識を向けると……

空気とは共通点。

それがわかったところで、次の話をしてみましょう。

複数の人が集まれば、さまざまな相違点があって当然。価値観や性格、考え方、考えるスピード、好き嫌い、選ぶ言葉、興味の対象など、ありとあらゆるものが異なります。

そんな中で共通点や共通する環境を見つけ出すのは、そう簡単ではありません。自分勝手に自由に考えているうちは、まずうまくいきません。

空気を読むための第一歩は、自分の価値観、世界観を一旦停止することです。自分の考えを一旦停止し、周囲の人たちの「輪」を観察し、キャッチする。

そこからすべてが始まります。

だから、自分の考えに意識が向いている人は、空気が読めないのです。

何よりもまず、相手が発している「輪」(価値観、興味、世界観、もしかしたらそのときの気分など)を注意深く観察してみましょう。

すると、その場での「共通点」がわかってきます。

すでに「コミュニケーションとは相手に喜びを与えること」と述べましたが、その前提、準備となるのが、自分の思考を停止して、相手を観察することです。

主観から客観へ意識を変えるということもできるでしょう。

ちなみに、仏教では主観から客観へ変換することを「智慧」といいます。

「智慧」のある人は空気を読み、相手（あるいはその場）に合ったコミュニケーションが取れるのです。

ところが人間は自分勝手な生き物ですから、すぐに「自分のいいたいこと」を主張したり、「みんなが聞いてくれている」「聞きたがっている」と誤解したりして、妄想を膨らませます。

しかし、それではコミュニケーションは成り立ちません。

当然、空気も読めません。

私たちは誰でも「心のありよう」、「興味や気分」を、電波のように常に発信しています。自分の心を発信する放送局のようなものです。

そして、お互いがその「心の電波」を感じ取って、チューニングしなければ、通信することは不可能です。

まずは、相手がどんな電波を出しているのかを察知して、その周波数が受信できるように自分の側で調整する。

そして次に、自分の言葉が相手に届き、喜びが与えられるように、周波数を調整して発信する。

これがコミュニケーションです。

その対象が多いほど、当然やりとりは複雑になります。いわゆる「場の空気」を読まなければならないからです。

こうやって言葉にすると、ひどくむずかしいことのようですが、その第一歩として自分の考えを停止すればいいだけです。

心と頭を空っぽにして、周囲の人たちに注意を向けてみてください。すると自然に電波はキャッチできるはずです。

私を含め、大勢の人の前で話す機会のある人もいるでしょう。

もちろん、これはとてもむずかしい状況です。

会場に足を踏み入れ、壇上に立ったとき、そこにいる何十人、何百人という人の電波（あるいは輪のようなもの）を感じ取って、その共通する環境に則って話をしなければならないからです。

ときには、その電波があまりにもバラバラで、「いったい何を聞きたいと思っているのか」「どんなものに興味・関心を抱いているのか」がまったくつかめないこともあります。

そんなとき私は、

「今日はちょっと○○について話してみようと思います」

と、集まった人たちが予想もしないテーマを持ち出して、驚かせることがあります。「仏教の話をするだろう」と思っている人たちに向かって「今日はＦ１の話をします」というようなものです。

するとその瞬間、集まった人たちは、「えっ、いったい何の話が始まるんだ？」と疑問を持ちます。

まさにその疑問こそが「共通点」や「共通する環境」となるわけです。

やや高等な技術ですが、私はそんなことをしながら多くの人と周波数を合わせ、空気を読みながら話をしていきます。

少人数で話す場面であれ、会議やミーティングであれ、大人数の前で話すケースであれ、大事なのは「共通点はどこかを探ること」です。

そして、その範囲に即した内容、テーマ、言葉、話し方を選ばなければ、相手に何も届きません。

「何を話すか」ではなく、

「この場の空気はどうなっているか？」

「共通する環境は？」

「それぞれの心の電波はどんなものか？」

を、見極める。

簡単ではありませんが、それこそが本当の意味での「空気を読んだコミュニケーション」です。

第22話

「自信がない」から、つい他人をいじめたくなる

嫌いな相手にも「思いやる余裕」を

学校に限らず、職場でもいじめがあると聞きます。

いじめに苦しむ人の中には、「仏教の力でなんとかして欲しい」といってくる人もいますが、はっきりいってそれは無理な話ですよ。

いじめの実態は、その場所、その人によってさまざまですから、それらを一緒に語ることはできません。

また、「こうすればいじめはなくなる」という単純なものでもありません。

ただ一ついえるのは、仏教は「与えられた環境でどう生きるか」を説いているということです。

いじめのない世界をつくることではなく、その環境でどう生きるかが大事。何度も述べているように、環境を変えることはできないからです。

すると答えは単純で、環境に適応する強い精神力を持つしかありません。

身も蓋もないいい方ですが、それ以外に方法などないのです。

実際にいじめられているのなら、「いじめられる人」という役回りを受け入れて、堂々としているしかありません。

「いじめられたくない」「どうして自分だけこんなひどい目に遭うんだ」「この職場の人たちはおかしい」などと思うのは勝手ですが、そうやって周囲の環境に文句をいっても、現実は何も変わりません。

惨状を上司に報告したり、公共機関に相談したりすることで状況が改善されるなら、そうすればいいと思います。暴行などの被害を受けているなら、法的手段に訴えることも必要でしょう。

しかし、そんなレベルに達していないなら、その環境、立場を受け入れ、堂々と生きる心の強さを身につけるほかありません。

その心の強さを身につけ、何をされても堂々と振る舞っていれば、自然にいじめはなくなっていくものです。

せっかくなので、いじめる側についても少し述べておきましょう。

社会（あるいは会社）でいじめをするというのは、能力が足りない証拠です。

本当に能力のある人は、いじめなんてしません。

どんな人がいじめをするかといえば、「まったく仕事ができない人」、あるいは「ちょっとくらい仕事ができるからといって調子に乗っている人」あたりではないでしょうか。

結局は、社会人として不適合者なのです。

もともと日本には「出る杭は打たれる」という言葉があるように、新入社員の中で「コイツはちょっとできそうだな」というタイプがいじめられることもよくあります。

能力のない連中が能力の高い人をつぶそうとするわけです。

愚かで、バカげた話ですが、そういう風潮はなくなりません。

そういう面においては、日本はとても優しくない国です。

日本という国（あるいは国民）は互いに協力的で、親切な面を持っています。

しかし、その一方で「近くにいる優れた人を素直に応援できない」という側面も持っています。

テレビでゴルフの石川遼選手が活躍しているのを見ると心から応援できるのに、自分の職場で活躍している若者を見ると、「調子に乗るんじゃない！」「昨日、今日入社したばかりのヤツが偉そうな顔をするな！」と文句の一つもいいたくなる。

そんな傾向があります。

それはある種の国民性で、アメリカへ行けばアメリカなりの、中国へ行けば中国なりの「優しい面」と「優しくない面」があります。

これは仕方のないことです。

しかし、目の前にいる優秀な人を見て足を引っ張ったり、ちょっと気に入らないからといって誰かをいじめたりするのは「自分に能力がないことを宣伝している」ということをしっかり覚えておいてください。

身近な人を素直に応援することができないなんて、心がゆがんでいます。

誰かをいじめている人は、「なぜ自分はいじめをするのか」を考えてみるといいでしょう。

誰かをいじめたところで満足なんて得られるはずがありません。そして、それは本人にもわかっているはずです。

いじめをする暇があるなら、「本当の実力」をつけるよう勉強したほうが余程お互いのためです。

そもそも、ブッダは「すべての命に対して慈しみの心を持つように」と教えています。

慈しみとは相手のことを思い、心配する心。たとえばそれは「けっして他人の苦しみを願わない」ということでもあります。

同じ職場で働いていれば、自分よりも能力が高い人を妬《ねた》ましく感じることもあるかもしれません。性格的に合わない相手を「どうも気に入らない」と嫌悪することもあるでしょう。

しかし「すべての命に慈しみの心を持つ」ということは、自分が嫌いな相手も、自分を嫌っている相手も、同じように心配するということです。

嫌な相手をいじめるような、狭く見苦しい精神ではなく、もっと大きな心を持つことが大事です。

世の中からいじめはなくなりませんが、せめて自分だけは慈しみの心を持って相手と接する。

そんな人になって欲しいと思います。

3章

賢者の「働き方」をマスターする

——こう考えれば、仕事はけっしてむずかしくない！

第23話

「雑事を少なく、軽々と暮らす」というブッダの教え

心がスーッと軽くなる「合理的な思考法」

仕事とストレスは切っても切れないもの。そんなふうに思われています。

日本では、仕事のストレスによって自殺する人も多いようです。

どうしたら、そんな危機的状況から逃れられるのでしょうか。

まずは、どんなときにストレスを感じているのかを理解し、分析することが必要です。

「ストレスが多くて嫌だ」「仕事のストレスが溜まってつらい」といわれたところで、「どこで、どんなふうにストレスがかかっているのか」を知らなければ、対処のしようがありません。

仏教は常に合理的なので、私も合理的に考えます。

「仕事ではストレスが溜まるもの」などと抽象的なまま放置するのではなく、具体的に「どこで、どうストレスが溜まっているのか」を検証することからスタートです。

ストレスがかかる原因はさまざま。人それぞれによってケースは異なるでしょう。

ただし、けっこう共通しているのは「ああ、仕事が嫌だなぁ」「やりたくないなぁ」と思っているのに、やらなければならないという状況。

この状況にストレスを感じている人は多いでしょう。

やりたくないことをやらなければいけないのですから、もちろんストレスが溜まります。

ここで私がいいたいのは、「それならまずは、ずる賢く考えてしまいましょう」ということです。

「やらなければならない仕事」をやらないで済む方法を考えるのです。もっとも簡単なのは、誰かにやってもらうこと。

何度も述べている通り、仕事とは完璧を求められるものです。

そして、個人が持っている能力、担っている範囲はごくわずかに過ぎません。

つまり、あなたはいま「自分ではできない仕事」「得意でない作業」を求められ、苦しんでいるのかもしれません。

これはとんでもないストレスです。

それならいっそ「得意な人」に頼むのが一番。

頼まれた人は楽しんで（ストレスを感じることなく）やってくれるかもしれませんし、あなたに感謝されることを喜んでくれるかもしれません。まさにお互いハッピーです。

「雑事を少なく、軽々と暮らす」というブッダの教えにも符合するでしょう。

雑事というのは人によって異なるもので、あなたにとって大変な雑事であっても、すぐ隣の人にとっては「軽々とこなせるもの」かもしれません。

嫌な仕事を目の前にしたとき、「やらなければいけない」と自分を追い込むのではなく、まずは「どうしたら放り投げられるか」を考えてみればいいでしょう。

周囲を見渡して「この仕事をやってくれそうな人」「この仕事を上手にこなせそうな人」を探して、依頼してしまえばいいのです。

それがうまくいけば、確実にストレスは軽減されます。

第24話

まずは「この仕事の一番の適任者は誰か」と考える

〝我慢しないで〟結果を出す方法

やりたくない仕事は誰かに放り投げてしまえばいい。

それができるなら、そうするのが一番のストレス回避法です。

ところが、あなたはこういうかもしれません。

「それができないから、苦労しているんですよ！」と。


たしかに、世の中そううまくはいきません。

誰かに仕事を放り投げることができない。いろいろな意味で適任者が見つからず、誰にも渡せないという状況。そんなことも多いでしょう。

放り投げる相手が見つからないときは、どうするのか。

こうなったら、もはや自分でやるしかありません。身も蓋もないいい方ですが、悩んでも仕方がない。悩みはそこで終わりです。

しかし、ここで考えてみてください。

世の中の誰かに放り投げようとしたけれど、適任者が見つからない。

つまりは、あなた自身が一番の適任者なのです。

少なくともあなたを取り巻く環境の中で、あなた以上の適任者はいない。それが現実です。

そうだとしたら、もうあなたがやるしかないでしょう。それこそあなたの仕事です。

その割り切りがとても大切です。

気持ちを割り切ってしまえば、「嫌だな……」「大変だな……」と思っていたときほどのストレスは感じなくなります。

これが、覚悟を決めるということです。

覚悟を決めて仕事をするからには、ぜひともプライドを持ってください。

自分が「希望する、しない」にかかわらず、とりあえずあなたは一番の適任者としてその仕事に従事するのです。

そう決まったからにはプライドを持って「私は手抜きをしない」という思いで取り組んでください。

「自分なりに精一杯やった」というハンコを、自分自身で押せるような働きをしてください。

だって他にやる人がいないのですから、そうやって気持ちを切り替えるしかありません。

その段階でウジウジ悩んでも、意味も価値もありません。

「自分がやるしかない」という覚悟を持って、「手抜きはしない」というプライドと共に仕事をする。

やや厳しいいい方に思えるかもしれませんが、そうした意識を持っていれば、必ず仕事は楽しくなります。

少なくとも、充足感ややりがいを感じられるようになってきます。

人間の脳の中に分泌されるアドレナリンとエンドルフィンという物質をご存知でしょうか。

どちらも興奮や高揚したときに出てくるものですが、その意味合いは根本的に違います。

アドレナリンは、主にストレス反応の際に分泌される物質。

つまり「やらなければいけない」という差し迫った状況の中で出てくるものです。たとえば、自然界の動物が天敵に襲われて「逃げなければいけない！」と思って逃げるときとか、自分が生きるために「あの獲物を捕らえなければいけない！」と強く思うときに、アドレナリンは分泌されます。

一方のエンドルフィンは、幸せを感じているときに分泌されるものです。マラソンをしてランナーズハイになっている状況など、好きなものに夢中になって気分がよくなっているときエンドルフィンが出てきます。

どうせ仕事をするのですから、ぜひともエンドルフィンが出るようなやり方をしてください。

嫌な仕事を「嫌だけど、仕方なくやる」というのはあきらかにアドレナリンを分泌するパターンです。

しかし、嫌な仕事でも「自分がやるしかないのだから、プライドを持って、精一杯やる」というメンタリティに切り替えれば、だんだんと充実してきてエンドルフィンが出てきます。

好きなこと、楽しいことだけを仕事にできるなら、いうことはありません。

しかし、現実的にそんなことは不可能です。ですから、ストレスを軽減するには自分の意識を変えるしかありません。

アドレナリンを出して体と心に負担をかけるのではなく、エンドルフィンを分泌して自分の能力を開発していく。

考え方、やり方次第で、快感を覚えることは十分可能なのです。

つらい仕事は適任者に放り投げる。

その相手がいなければ、あなた自身が適任者であるということを、ぜひとも忘れないでください。

それはとても誇らしい状況なのですから。

第25話

「今日やること」を明日やる人に成功者はいない

いまこの瞬間を逃したら、次のチャンスはありません

時間管理はどうしたらいいか。

これもまた興味深いテーマです。

時間管理について世間ではたくさんの本が出ています。それだけ「時間の使い方」に悩んでいる人が多いのでしょう。

では、そもそも時間とは何か。

その根本を知っているでしょうか。

物事の根本を知らずに「とにかく時間をうまく使いたい」というのは虫のいい話です。

まずは、「時間とは何か」という部分について考えてみましょう。

まさに時間は「命そのもの」です。

私たちは時間を生きています。時間とは私たちの内側にあるものです。この考えが出発点となります。

ところが残念なことに、多くの人は「時間は自分の外側にある」と思っています。たとえば会社で働く人は「朝九時に会社へ行って、夕方の五時まで働かなければならない」と考えています。

これではまるで時間が外側にあって、拘束されているような印象を受けます。午後二時から会議で、三時半からは外で打ち合わせをする、などもそうです。外側にある時間という代物に、自分自身が管理されている。知らず知らずのうちにそれが当たり前になっているのです。

もっとわかりやすい例を挙げてみましょう。

日本ではやりませんが、世界にはサマータイム、ウィンタータイムなど一日の時間をずらして生活する習慣があります。制度の是非はこの際どうでもいいのですが、これも「時間は私たちの外側にある」という発想のもとに成り立っていますね。

しかし実際のところ、そんなふうに時計の針を動かしたところで、私たち自身の時間は変わるでしょうか。

そんなことは絶対にありません。

時間というのは私たち自身の中にあるもので、機械をいじったからといって、長くなったり短くなったりするものではありません。

スケジュール帳を、あれやこれやと書き換えたところで、私たちの時間が根本的に変化したりすることはないのです。

まずはその考えを改めることから、時間管理をスタートさせるべきだと私は考えます。

本来、時間とは命そのもの。
そして、どんな時間も一回しかない。

これが大前提です。

この本を読んでいる「いま」という時間は、未来永劫《えいごう》、二度と訪れません。たった一回限り。時間とは、それほどシビアで、貴重なものなのです。

つまり、「いまという一度しかない時間を、どう使うか」が時間管理の基本となります。

だから私はどんな相手に対しても、「今日やるべきことは今日やらなければいけない」と強く強く、主張しています。

いまやらなければならないことは、いましかチャンスはありません。

次の機会など絶対に訪れないのです。

二〇歳でできなかったことが六〇歳でできるようになったとして、何の意味があるでしょうか。はっきりいって、何の価値もありませんよ。

もしあなたの目の前に「二〇歳のときにやるべきだったことが、六〇になってやっとできるようになったよ」と自慢する人がいたら、どう思うでしょうか。

素直な気持ちで「よくやったね。おめでとう」という気になれますか。

私は到底なれません。

二〇歳の時間と六〇歳の時間とは、まったく別物だからです。

当然ながら「今年はできなかったけど、来年はやるぞ」なんてことも人生では成り立ちません。

それが時間というものです。

食事だってそうです。

たとえば、今朝時間がなくて朝ご飯を食べられなかったとしましょう。

お腹は空いているけれど、仕事が忙しくて食事をする暇がない。やっと食事ができる状態になったのが、夕方四時だったとします。

その時刻になって「さあ、朝ご飯を食べよう」という人はいるでしょうか。

そんなバカげた人はいません。せいぜい「遅い昼ご飯」です。

まして、次の日になってから「昨日の朝ご飯を食べよう」などということは、絶対無理。

「昨日の朝」という時間はたった一回きり。

次のチャンスなどあり得ません。

本来、時間とはそういうもので、朝できなかったことを昼にやるとか、今日できなかったことを明日やるとかは、根本的に不可能なのです。

時間とは「あなたの内側に存在しているもの」であり、「絶えず消え去っていくもの」です。

そのことを理解して初めて、時間管理が可能となるのです。

第26話

漫然と時間を過ごすことほど無駄なことはない

「目に見える変化」を起こすために必要なこと

ここに野球が好きな少年がいて、一万回の素振りをするとしましょう。

一万回バットを振れば、それなりに上達すると思われるからです。

たしかに一万回もバットを振れば、少なからず上達するでしょう。

ではここで問題です。この少年はどのタイミングで上達しているのでしょうか。「一〇回目?」「一〇〇回目?」それとも「五〇〇回目」でしょうか? あるいは「一万回目」に成長しているのでしょうか。


これは単純なようですが、なかなかむずかしい問いです。

「一万回素振りをすればうまくなる」といっても、一万回の素振りを終えた瞬間に突然うまくなるわけではありません。

実際には、一回、二回、三回という繰り返しの中で少しずつうまくなっているわけです。

逆にいえば、一回目、二回目、三回目に少しずつ変化し、成長していなければ、一万回の素振りをしても成長は見込めません。

まさにここに「時間の本質」が隠れています。

素振りは一万回あったとしても、その瞬間、瞬間は一度しかなく、その都度成長しなければ、時間は無駄になってしまう。

ひょっとすると、多くの人が「自分は代わり映えのしない毎日をただ漫然と暮らしている」と感じているかもしれません。

しかし、それは大きな間違い。

もしそうだとしたら、実に残念な時間の浪費、命の無駄遣いです。

一回、一回の素振りを無駄にしているのと同じです。

私たちは、いまという（すぐに消え去ってしまう）時間を大事に生きて、ちょっとずつでも成長していかなければいけません。

本来的には、「代わり映えのしない一日」など、存在しないのです。

ただ私たちは、その変化を体感できていないだけ。

体感できるほどの変化は、その積み重ねからしか生まれないものだからです。

「一期一会」という言葉をご存知でしょうか。

「人と会うとき、その出会いは一度きり」という意味にとられがちですが、この言葉の本来の意味合いは、「人に会う」ことに限った話ではありません。

もっと広い意味合いで「すべての物事との出会いはたった一度しかない」というのが本当の意味です。

「すべての物事との出会い」とは、「時間との出会い」にほかなりません。

時間管理の基本とは、「いまというたった一度しかない瞬間をどう生きるか」に尽きます。単純に時間を区切って、「そこで何をするか」というスケジューリングの話ではありません。

すぐに消え去っていく時間。その積み重ねの中で、自分がどう変わり、成長していくのかを意識する。

これこそが、「命」という時間を生かす管理術です。

あなたは、「いま」というかけがえのない時間を無駄にしてはいませんか？

第27話

「なんとかしなきゃ」と焦るから、がんじがらめになる

忙しい人は、現実と妄想の区別がつかない人

ビジネスマンは忙しい——どうやらそれが通説のようです。

「忙しい、忙しい」としょっちゅう口にする人がいますが、忙しいこと自体は、別にいいことでも、悪いことでもありません。

大切なのは、その「忙しさ」がどんな種類のものなのかを考えることです。

常日頃「自分は忙しい」と感じている人は、どのタイプの「忙しさ」なのかをぜひとも一度考えてみてください。


まずは一つ目。

「忙しい、忙しい」と周囲に対して自慢げにいうケースについて。意外かもしれませんが、これはとりあえず問題ありません。

たしかに聞いているほうはちょっとうんざりするかもしれません。ですが、忙しいことがその人の満足、充足につながっているなら、それはそれでハッピーです。「忙しい、忙しい」といいながら、充実した日々を送れるなら、まったく問題ありません。

問題は二つ目のタイプです。忙しいことがストレスになっているケースです。

もしあなたの忙しさが二つ目の「ストレス型」の場合、忙しさについて少し学ばなければなりません。

そもそも私たちはどんなときに「忙しい」と思い、ストレスを感じるのでしょうか。

そのメカニズムを解明してみましょう。

人は一つの仕事だけに従事しているとき、たいていあまり忙しいとは感じません。

それがどんなに大変な仕事でも、集中してやれていれば、ストレスを感じる暇もありません。

では、どんなときに忙しいと感じるのか。

それは、Aという仕事をやっているときに「Bもやらなきゃ、Cもやらなきゃ」と思うこと。そんな状態に陥ったとき、人は「忙しい」と感じ、強烈なストレスを受けてしまうのです。

きっと、誰にでも思い当たるふしがあるでしょう。

私はこのタイプの人に出会ったとき、「あなたは現実と妄想の区別がついていませんよ」とアドバイスすることにしています。妄想ばかりが膨らんで、まったく現実が見えていないという意味です。

そもそも時間というものは、何をやっていても（何もやっていなくても）普通に過ぎていくものです。一生懸命仕事をしていても、ぼんやり妄想していても、同じだけ時間は過ぎていきます。

時間とは、常に同じスピードで、淡々と過ぎていくものだからです。

そして、その時間という枠の中で「できること」は初めから決まっています。一時間で何ができるか、一分間で何ができるかは、もともと決まっているのです。

ところが、妄想にとらわれている人はこの前提がわかっていません。

「ＴＯ ＤＯ リスト」を眺めては「あれもやらなきゃ、これもやらなきゃ」と勝手に考え、悩んでしまう。

逆立ちしたって現実的には無理なのに、妄想だけを勝手に膨らませて「やらなきゃ、やらなきゃ」と気ばかりが焦ってしまうのです。

これこそがストレスの原因です。

要するに、現実と妄想を切り分ける能力がないのです。

冷静かつ現実的に考えれば、一つの時間にできることは一つしかありません。その時間にAという仕事を乗せるか、Bという仕事を乗せるかは自分で選ぶしかありません。どうやっても両方は乗せられません。

結局は優先順位をつけるということですが、その際に大事なのは、「一つの時間には、一つのものしか乗せられない」と徹底して割り切ることです。

A・B・Cという三つの仕事をやらなくてはいけないと焦っても、一つの時間には一つの仕事しかできません。本当の意味で優先順位をつけるには「この時間に、それ以外の仕事はできない」という理解と覚悟がどうしても必要なのです。

こんなことをいうと、

「どうしても、この時間にAとBとCの仕事をしなくちゃいけないときには、どうしたらいいのですか?」

と質問する人がいます。

仕事をしていると、どうしてもそんな場面に直面してしまうのでしょうね。

そのケースなら、最優先の仕事一個だけをこなし、他の仕事はなかったことにします。

乱暴なように感じるかもしれませんが、「どうしても、やらなきゃいけないんです」と嘆いたところで、現実的に無理なのですから仕方がありません。

たとえば、料理をつくろうと思って冷蔵庫を開けてみたら、賞味期限・使用期限が今日までの食品が二つあったとします。食事には一つだけで充分です。

それなら、どちらか一つを選んで、料理して食べるしかありません。もう一個の食料は捨てなくてはいけないのです。

「忙しい、忙しい」といってストレスを抱え込む人ほど、できないことをやろうとしています。

まさに、現実と妄想の区別がついていないのです。

忙しさにストレスを感じる人は、何よりもまず「自分の妄想」と「現実」をはっきり区別するべきです。

いくら妄想を膨らませても、決まった時間にできる仕事は限られています。こんなときには、「すべてやらなくてはいけない」という考えは捨てたほうがいいのです。

冷静に現実を受け入れた上で、それ以上の仕事量があるとしたら、そもそもその配分が間違っているのです。

第28話

どんな結果も「しょうがない」と受け入れる

自分の身の程を知りましょう

仕事がうまく進められない。

もっとスムーズに仕事を終わらせたいのに、うまくはかどらない。

どちらも、ビジネスの現場でよく聞く問題ではないでしょうか。

しかし、そんな人にこそ質問したい。

「そもそも仕事とは、あなたの内側にあるものですか？　外側にあるものですか？」

さあ、あなたはどう答えるでしょう。

いうまでもなく、仕事とはあなたの外側にあるもの。

太陽や空、地球や風と同じように、あなたの外側に仕事はあります。

自分の外側にあるものを「完璧に管理して、うまく進めてやろう」などと思っても無理な話です。

そんなことは太古の昔から決まっています。

太陽や空を自由自在に操ったことのある人がいるでしょうか？　地球や風を思うがままに動かせないからといって「どうにもうまくいかない」と悩む人がいるでしょう

か？

突き詰めれば、仕事だって同じなのです。

予定通りに進まなくて当たり前。

そんなことで思い悩むのは、実はとてもナンセンスなのです。

繰り返しいいますが、物事は極端にすると、その本質がわかりやすくなります。たとえば、目の前の仕事についてはどうでしょうか。

仕事に関しては「どうにかしてプラン通りに進めよう」「自分が思うように完成させよう」と思いますが、空や太陽に対してそう思う人はいません。

それらは自分の外側にあって、けっして管理できないとわかっているからです。いってしまえば、自分の肉体だって同じ。多くの人は「自分の肉体は自分のもの」と思っていますが、とんでもない間違いです。

究極的には「自分のもの」なんて何もないのです。

太陽や地球が勝手に動いているように、私たちも勝手に自然に生きているだけ。ただそれだけのことです。

あれやこれやと計画したり、望みを持ったり、期待したりしても、結果がどうなるかなんて誰にもわかりません。

それが自然のあり方です。

結局のところ、「仕事が計画通りに進む」なんて、あなたの勝手な妄想なのです。

何かをやる際に、計画を立てて物事を進めるのは大いにけっこう。すばらしいことです。

ただし、私たちは身の程を知らなければいけません。

自分自身が管理できるのは、せいぜい自分の心くらいしかありません。

それ以外のものはすべて、あなたの思いや期待とは関係なく、勝手気ままに動いていきます。

自分の肉体すら管理できないのですから、仕事はもちろん、周囲の環境を思い通りに変えることなどできるわけがありません。

「仕事や計画が思うように進まない」と悩む前に、その大前提を理解してください。

そう考えれば、いつ、どんなときでも心は冷静でいられます。

そして物事が多少うまくいかなくても、軽やかな気持ちでいられるはずですよ。

第29話

自分らしく、その仕事をすればいい

自信なんて持てなくて当たり前！

どうしたら自信が持てるようになるのか。そんな質問をする人がけっこういます。

上司には「もっと自信を持って仕事をしろ！」といわれるけれど、そもそも「どうしたら自信が持てるのか」がわからない。そんな話もよく耳にします。

はっきりいって、自信なんてそうそう持てるものではありません。

「私は何に対しても自信満々です」などという人は、この世でもっとも信頼できない人。

私だって、世の中のほとんどのことについては自信がない。当たり前の話です。

なぜなら、自分が知っていることに比べ、世の中には「知らないこと」のほうが圧倒的に多いからです。

そんなわずかなことしか知らないのに、どうして「自信満々です」なんていえるでしょうか。そんなことを臆面もなくいえるとしたら、私はその人の神経を疑います。

だから、自信がない人はまず安心してください。

自信がないのは当たり前。「自信が持てない」と悩むほうが、むしろおかしいのです。

そんなことに悩むより「自信満々なんておこがましい」という普通の感覚を身につけてください。それが大前提です。


ただし、話はそれで終わりではありません。

私たちは世の中すべての事柄に関して「自信がない」といって、無責任でいていいわけではありません。

せめて自分が仕事として担っている範囲、専門として関わっている分野においては「小さな自信」を持たなければなりません。ここが大事です。

あなたも、私も、仕事として担える範囲などほんのわずかでしかありません。

総理大臣だろうが、大企業の社長だろうが、巨大プロジェクトのリーダーだろうが、その人個人が担っている範囲は実に些細《ささい》なもの。「オレはこの会社全体を支えているんだ」「オレの力でこのプロジェクトを成功させてやる」なんていうのは、完全な思いあがりです。

一人ひとりが担えるのは、ほんのわずかな部分です。

ただし、そのわずかな部分においては自信を持って完璧にこなす。これが仕事の基本です。

仕事に関してまったく自信が持てない人は「分不相応なくらい、幅広い自信」を持とうとしているのではないでしょうか。「あれも、これもできなければいけない」と思えば、自信なんてなくなります。

すでに述べた通り、ブッダの教えの中に「雑事を少なく、軽々と暮らしなさい」というものがあります。ここでいう雑事というのは「やらなければならないこと」です。「あれも、これも」やろうとしても忙しくなるばかりで、心が壊れてしまうだけ。そんな雑事はできるだけ少なくして、簡素に生きなさいという教えです。あらゆることに対して「やらなければいけない」「このくらいできなければダメだ」と考えるのではなく、自分の手に負える幅を考えてみてください。

あなたが担えるのは、ほんのわずか。

そのわずかな部分とはどこでしょうか。

あなたに仕事を依頼した人が、本当にあなたに期待しているのはどこでしょうか。

その小さなポイントを見つけて、その部分だけは完璧にこなせるように精進する。自信をつけるとしたら、これしかありません。

逆にいうなら、自分が「できること」と「できないこと」を明確に区別するのも、自信をつけるコツです。

たとえば私のところには、末期がんで余命わずかという人がやってきます。

そこで私が「できること」とは何でしょうか。

医学的な治療を施して、その人の命を救うこと？　そんなことは一〇〇％不可能です。できるはずがありません。

私がその人にしてあげられるのは、治療のしようがない状態で、少しでも気持ちを楽にしてあげること。その部分にならば私は自信を持っています。

同じように、どんな人にも「できること」と「できないこと」があります。

そして、社会というのは、あなたに「できること」を依頼してくるもので、「できないこと」は依頼してきません。

私のところにやってくる末期がんの患者さんは、「どうか、私の病気を治してください」とはいいません。

私にできる範囲のことを、その人は求めてやってくるのです。

「自信が持てない」と悩む人は、まず「自分に何ができるのか」「何ができないのか」を考えてみてください。

きちんと自分を見つめれば、きっと何か「できること」があるはずです。そして、その「できること」を完璧にこなすことこそ、仕事をするということです。


仕事として自分が担っている部分を理解する。「相手が何を求めているのか」を考える。


自信のタネはそこにあります。それでもし「自分にはできないことを相手（たとえば上司など）が要求している」としたら、それは相手の責任です。

そんなものを気に病む必要はありません。

私のような坊主のところにきて「末期がんを治してください」というのと同じことなのですから。

第30話

「素直で謙虚」な人になりなさい

謙虚にならなくては、いい経験は積めません

自信についてもう一つ。

自信の源になるものは何かという話をつけ加えておきましょう。

自信の源になるのはズバリ経験です。

私たちは経験を積み重ねることによってスキルを身につけ、完璧な仕事ができるようになります。

その結果、自信が持てるようになるのです。

自信とは能力によって生まれるのではなく、経験によって醸成されるもの。リーダーとしての能力があるといっても、その立場を経験したことがまったくなければ力を発揮することなどできません。

わかりやすい例が語学です。

日本では中学校や高校で英語を学びます。最近は、小学校でも英語教育が始まったといいます。

学校で英語の成績がいい人は、ひょっとしたら英語の能力が高いのかもしれません。しかし、英語を話す機会がまったくなければその能力は発揮されませんし、その人が英語力について真の自信を持つことは不可能です。

中学、高校の英語のテストが一〇〇点だったからといって、「私は世界中の人と英語でコミュニケーションが取れます」と胸を張る人がいるでしょうか。もしいるとしたら、それは大きな勘違いです。

反対に、英語の成績が悪くても、実際に海外へ行って何年も英語で会話をしていれば、英語のコミュニケーションについてかなりの自信が得られるはずです。

要は経験なのです。

自分の仕事に自信を持ちたければ、コツコツと経験を重ねるしかありません。「日々の学び」といい換えることもできます。

毎日の仕事から何を学び、自分の中に何を蓄積していくか。

これがポイントです。

よい学びをするためには謙虚でなければいけません。よく「本当に自信がある人は謙虚だ」などといいますが、あれは当然の話なのです。

パーリ仏典の中に「スワチャ」という言葉が出てきます。

直訳すると「軽々といわれる」となり、ちょっと理解しにくいのですが、この言葉には「素直に人の教えを受けられる」というニュアンスが含まれています。

もし、みんながあなたにいろいろなことを教えてくれて、それを素直に受けているとしたら、あなたは「スワチャな人」といえるでしょう。

謙虚で、明るく、素直な人とでも表現すればぴったりです。

素直で謙虚。

これは、人としてとても大事なことです。

日々学び、真面目に経験を積み重ねないことには、本当の自信など得られるはずはありません。

そして「真面目に学ぼう」としている人は、当然謙虚になります。

「自信」と「謙虚」という言葉は一見すると相反するように思えますが、実は密接につながっているものなのです。

「自分が担える範囲はごくわずかだ」ということを知り、その部分において誠実に学ぼうとする謙虚な人が、最終的には本物の自信を得ます。

「私は自信がある」などと調子に乗って謙虚さを失ってしまったら、本物の自信など得られるはずがないのです。


余談ながら、もっとも奇妙なのが「私は資格をいっぱい持っています」と自信満々に語る人。

正直、あれはどうかと思いますね。

もちろん、資格を取るために一生懸命勉強して、試験にパスしたことは立派ですよ。しかし、資格をいっぱい持っていたところで、どれだけの経験が積めるでしょうか。もしかしたらすべてが中途半端で、まともな経験は一つも積んでいないかもしれません。

そんな状態で「私はこんなに資格を持っています」「こんなにもいろんな分野で活躍できます」と主張するのはおかしいでしょう。

自信を得るのは、資格を取った後に現場で働き、キャリアを積んだ後のことです。

だから、私は「資格をいっぱい持っている」というだけの人には、あまり仕事を頼みません。

本当に信頼できる経験を積み、完璧な仕事をこなせるスキルを身につけているとは思えないからです。

資格はあっても経験がなければ、「能力なし」とみなします。

仕事で自信をつけ、周囲からも信頼される人になりたければ、「自分がやるべき範囲」を知り、しっかり経験を積むことです。

資格をたくさん持っていると就職が有利だという話を聞きますが、資格ばかり取得して、経験を積もうとしない人たちを、会社はなぜ欲しがるのでしょう。

私には理解できません。

第31話

リーダーほど「目立ってはいけない仕事」はない

リーダーは、「親の視点」で部下を見る

リーダーの仕事とは何か。

これは組織によってもさまざまなので、「これをやっておけばいい」と特定することはできません。

ただし、リーダーがやるべき一番大事なことは、部下に「自信をつけさせてあげること」。

チームに新人がいたら、一つ経験をさせてあげて「これを自分でやったんだ」という自信をつけさせる。

これが、リーダーに課せられたもっとも重要な役割です。

そもそも、人間は自信なんて持てないもの。いくらリーダーが「自信を持ってやれ」といっても無理な話です。

そこでリーダーは、その人に適した仕事を与えて「責任は私が取るから、気楽に、思い切ってやってみなさい」といいます。

自信のない人に責任まで押しつけてしまったら、それはものすごいストレスになり

ます。

きっと経験を積む前に心がつぶれてしまいます。

「おまえを信頼して、任せているんだ」といって責任まで持たせるのは、そのずっと先の話です。

最初はストレスのない状態で、経験を積ませて、自信を植えつける。これが大事です。

つまり、リーダーとは「親になってみること」です。

幼い子どもに何かをやらせて、失敗したからといって「すべてあなたが責任を取りなさい」とはいわないでしょう。

子どもに経験を積ませて、失敗したら親が責任を取る。これが当たり前です。

これがリーダーの基本。

そして、部下が一つ実績を残したら、みんなの前で「これは○○くんがやってくれました」と必ず公表してあげる。

これも大事です。

実際に部下がやった仕事は全体の一〇%で、残りの九〇%をあなた自身がやったとしても、「〇〇くんがやってくれました」といっておけばいいのです。

なぜなら、リーダーは「相手に自信をつけさせる」のが仕事だからです。自分の技術や能力が優れていることを主張するのが仕事ではありません。

みんなの前で褒められた人は「次はもっとがんばろう」と思う。それで十分なのです。

むしろ、そう仕向けるのがリーダーの仕事です。

その意味では、映画監督と俳優の関係に似ているということもできます。

映画をつくる際、現場のリーダーは紛れもなく監督です。

しかし、実際のスクリーンに登場し、観客から喝采を浴びるのは俳優です。監督といえば、映画が終わった後に名前がちょっと流れる程度です。

会社などのリーダーは、名前が出る機会さえないかもしれません。

それほどリーダーというのは割に合わない役割ですが、それが本来の仕事なのだから仕方ありません。

人前に出て賞賛を浴びたいなら、絶対にリーダーなんてやるべきではありません。

そんな人には完全に不向きな役割です。

第32話

教えるのがうまい人は、一〇〇%相手の立場に立てる人

自分がやったことを他人にすすめる、これが教育の基本

組織で仕事をしていれば、ベテランも新人もいます。先輩と後輩といってもいいでしょう。

本来、仕事とは自分の領域を完璧にこなすものですが、やはりベテランともなると「新人や後輩を育てていく」という役割も求められるようになります。

「後輩を教えたい、教えたくない」にかかわらず、長く働いていれば相応に環境も変化してきます。環境が変化すれば、当然求められることも変わってきます。

ですから、ベテランと呼ばれる人たちは「人を育てる」ということを少しずつ意識していかなければなりません。

人を育てるに先だって、やらなければならないことは何か。

それは「自分を育てること」です。

前項でも述べましたが、自分一人の領域で仕事を完璧にこなすのと、「人を育てる」「人に教える」というのはまったく違う仕事です。

そこに従事するからには、自分自身が人格者でなければなりません。自分のことばかりを優先するようでは、他人を教えることなど到底できないからです。

そもそも「教える」とは、一〇〇%相手の立場に立って考えること。どんなに立派な話をしても、相手が理解できなければ、教えたことにはなりません。

相手が理解して初めて、あなたは「教えた」といえるのです。

ここが、とてもむずかしいところです。

とかく現場では「どうして、こんなこともできないんだ!」「なんでこんなことがわからないんだ!」と怒ってしまうことがあるでしょう。

しかし、そんなふうに怒ること自体、おかしな話。

というのも、教えるとは「相手が理解できるように話すこと」であって、「相手が理解していないということは、あなたの教え方が悪いということだからです。

ここを誤解しないでください。

ベテラン(あるいは先輩)というのは、そのくらいつらい立場なのですよ。

だからこそ、自分自身の人格を育てなければ成立しない存在なのです。

教えるときに注意すべきポイントをもう一つ。

それは「まずは自分がやってみる」ことです。

ただ「これをやってみろ」ではなく、「私もやってみたら、こんなふうにうまくいったので、ぜひあなたもやってみるといい」というのが基本スタンスです。

仏教の世界では、出家者にたくさんの戒律を定めています。

しかし、それもブッダが「これをやってはいけません」と説いているだけではありません。

ブッダは常に、「私もこの戒律を守ったところ、大変穏やかに、気楽に、楽しく暮らせるようになりました。だから、あなたたちもやってみなさい」とすすめています。

自分がやってみて、他人にすすめる。

誰かに、何かを教えるときは、これが基本であるべきなのです。

第33話

「何もできない自分」を自覚する

新人とは、「怒られても怒鳴られても、文句のいえない人」

教える側の意識について述べたところで、今度は教わる側についても考えてみましょう。

元来、新人とは「何もできない人間」です。

完璧を求められる仕事の現場にあって、まったく役に立たない人。

それが新人です。

まずは、その大前提を理解するべきでしょう。

つまり新人とは、怒られようが、怒鳴られようが、殴られようが、文句のいえない存在なのです。

リーダーや先輩、ベテランと呼ばれる人たちは、人格者でなければいけませんし、人に教えるときは「相手が理解できること」を徹底的に意識しなければなりません。

しかし、そこに新人がつけ込んで「あんな人のいうことは聞けない」「あの人の話は理解できない」などと文句をいうのは論外です。

自分の立場をまるっきり理解していません。

新人というのは、何でもいいから勉強し、少しでも役に立つ人間になれるよう、ひたむきに努力しなければなりません。

新人が我を張って「ああだ、こうだ」と不満をいうなど、あり得ない話なのです。

人に何かを教わるときは、そのくらい徹底した意識が必要です。

組織の中では、ベテランと新人の双方が自分の立場と役割をきちんと認識することが大事です。

ベテランにはベテランなりの、新人には新人なりの学ぶべきことがあり、やるべきことがあります。

これは先生と生徒の関係でも同じです。

最近の学校では先生と生徒がそれぞれの役割、立場を忘れてしまって、関係がおかしなことになっているようですが、本来「教える側」と「教わる側」には明確な立場の差があって、お互いを尊重できるはずなのです。

師弟関係というのは、ときに親子よりも強い絆で結ばれます。

しかし残念ながら、世間ではなかなかそんな関係はできにくいようです。

生徒たちは「先生が悪い」といい、先生たちは「生徒（および父兄）に問題がある」と口々にいう。

「先生は人格者であり、生徒は徹底的に謙虚である」という本来の姿とは程遠いありさまです。

先生と生徒であれ、上司と部下であれ、お互いの問題点ばかりを糾弾していたら、まともな関係など築けるはずがありません。

教える側は「相手が理解できるように教える」義務を背負い、教わる側は「無条件に受け入れ、ただひたすら学ぶ」べき立場であることを認識する。

その当たり前の役割を、いま一度確認するべきです。

4章

ブッダに学ぶ「怒らない練習」

――感情に振りまわされがちな人に贈る「心の安定剤」

第34話

能力のある人は怒りません

どうしたら、怒りが生まれないかを考える

仕事でも、プライベートでも、自分の思うようにいかず、ついイライラしてしまうことがあるでしょう。

人は、なぜ怒ってしまうのか。

「つい怒ってしまう」というのは、結局、そこで能力が底を打ったということです。本当に優れた能力を持ち、余裕を持っている人は怒ったりしません。自分自身に対してはもちろん、誰かがミスをしたり、思うような働きをしなかったりしたために怒ってしまったときは、ぜひとも「ああ、私の能力もここまでか」と思ってください。

相手がどうあれ、自分の能力に余裕があれば怒らずに済んだのです。

よく「どうしたら怒らないようになれますか」と質問されるのですが、「能力が足りないから怒る」という状況を考えれば、対処法は簡単です。能力をつけるしかありません。

怒りを静めるのではなく、そう簡単に怒りが湧き起こってこないレベルに達するしかないのです。

つまり私たちは、怒りの感情が湧き起こった分だけ、再び努力して能力を高めなければなりません。他人のせいにして怒っている場合ではないのです。

怒りっぽい人、ちょっとしたことですぐにイライラしてしまう人は、相当能力が足りません。そのことを認識し、能力を高める努力をいますぐしなければなりません。

さて、「怒る」に似た「叱る」について考えてみましょう。

教育評論家たちは「怒るのではなく、叱ることが大事」などとよくいいますね。それはそれで正しいのでしょうが、はっきりいって「怒らないで叱る」など、並大抵の人間にできることではありません。

余程の修行を積んだ人格者でもない限り、「怒らずに叱る」なんて、できるわけがないのです。

現実の場面を思い出してください。

会社の上司が部下に向かって「おまえのためを思ってのことだぞ」といったり、学校の先生が生徒に向かって、「いまはわからないかもしれないが、必ず将来おまえの役に立つからな」などといったりして叱っていますが、それは本当でしょうか。

そういいながら、心の中では怒りを感じている人も、けっこういるのではないでしょうか。

それくらい、「叱る」というのはむずかしいのです。

ここで一つ、「怒らずに叱る方法」を紹介しましょう。

叱るとは当然、相手の短所・間違いなどを示すことです。そのとき、まずは相手の間違いを、心の底からおもしろいと、ユーモラスに受けとめてください。

しかし、ただ笑っている場合ではありません。教えてあげないといけないし、厳しい言葉を使わなくてはいけないケースもあります。

そのときもまた、「叱られる側もおもしろくなるように」「楽しくなるように」と、叱ることがポイントです。おもしろく冗談を交えて叱られると、叱られた側も、いわれた内容を覚えやすくなります。

冗談をいったり人を笑わせたりする能力がない人は、冗談交じりで叱るやり方を、苦労して勉強しなくてはいけないのです。

もう一つ方法があります。

それは、叱るのではなく、罰を与えるという方法。

これはなかなかいい方法ですが、罰というのは嫌な言葉で、危険な行為でしょう。ですから、みんなが喜ぶような罰にすることが大切です。

私が子どもの頃は、何か悪さをすると学校の先生から小枝のような細い棒で手や足をピシッと叩かれたものです。もちろん、跡が残るようなものではなく、その瞬間、ちょっと痛くてそれで終わりです。

授業を真面目に聞かなかったり、宿題を忘れたり、学校のルールを守らなかったりすると、その細い棒でピシッとやられる。

子どもたちの集中力を取り戻させるため、一種のショックを与えるわけです。

そのとき先生は怒っているわけではありません。ただ純粋に、子どもに罰を与えているだけです。

「怒らないで叱る」なんてむずかしいことはさっさとあきらめて、学校でも、会社でも、何か問題があれば罰を与えればいいのです。暗くて厳しい罰でなく、明るくておもしろい罰がいいでしょう。

たとえば、適当な罰金制度をつくって、ある程度お金が貯まったら、みんなで食事に行くというのもいいでしょう。

実際、そんな罰をつくって明るく働いている会社はけっこうあります。

罰がはっきりしていると、周囲も怒らなくて済むという効果もあります。「アイツはミスをしたから罰金だな」と思って、それで終わり。その罰を、そばで笑って見ていればいいのですよ。

怒りという感情は実にネガティブですし、その感情が生まれた瞬間、能力は底を打ち、仕事の手は止まってしまいます。

怒りを静める方法を考えるのではなく、「どうしたら怒りが生まれないか」を考え、工夫することが大事なのです。

第35話

イラッとしたら、考え方を「ほんのちょっと」変えてみる

人の役に立てると、気持ちいい！

誰かとペアを組んで一つの仕事をする場合、相手の能力が低いことにイライラしたりはしませんか。

デキの悪い部下を持って「なんで、こんなこともできないんだ！」と怒鳴ってしまうことはありませんか。

これもよくある仕事の悩み。

一人っきりで仕事をしている人はまれですから、結局他人との能力差に悩まされるわけです。

能力の低い人は、同じ作業をするにも人一倍時間がかかるし、

「ここはどうすればいいんですか？」

「このやり方を教えてください」

などと、しょっちゅう声をかけてきます。

その都度あなたは自分の仕事を中断して、教えなければなりません。イライラが溜まって、爆発する人もいるでしょう。

実際に自分の職場を想像してみてください。

あなたの邪魔ばかりする人、足を引っ張ってばかりの人の顔が一つや二つ思い浮かぶでしょう。

しかし、ここが考えどころです。

能力の低い人に対してイライラする気持ちはわかります。ですが、ちょっと視点を変えてみると、この瞬間こそ、まさに「人の役に立てる場面」ではないでしょうか。

「仕事とは人の役に立つことをする」という大前提を思い出してください。


わからない人がいれば教えてあげる。

困っている人がいたら助けてあげる。

これこそ仕事を楽しみ、喜びを感じる王道パターンではないでしょうか。

「仕事がつまらない」「周囲にロクな人材がいない」と文句をいう人ほど、自分の都合や希望を周囲に求めるばかりで「人の役に立つ」という大前提を忘れています。

あるいは、「人の役に立ちたい」と口ではいいながら、本当は「自分の好きなやり方で人の役に立ちたい」とだけ考えているわけです。

結局、それも自分本位で働いているに過ぎません。

「アイツのせいでオレの仕事が思うように進まない」と愚痴をこぼすのも、裏を返せば「オレは誰にも邪魔されず、自分の思うように仕事を進めたいんだ！」と、大声で自分のわがままぶりを発表しているようなものです。

その発想は根本的に違います。

もともと仕事をするからには「どうしたら人の役に立つのか」「周囲（社会）はあなたに何を求めているのか」を考え、行動するのが当たり前です。

あなたがやりたいことを（あるいは、やりたいように）するのではなく、「人や社会がやって欲しいと思うこと」をやる。これが仕事です。

その目的が達成されたとき、きっとあなたは「人の役に立てた」「感謝された」「喜んでもらえた」という満足感が得られるのです。

まさにそれが仕事の楽しみです。

周囲にあれこれ文句をいうのは、結局のところ「仕事の本質」がわかっていない証拠なのです。

第36話

すべての〝地獄〟は、あなたの心がつくり出している

「楽しいほう」に目を向けられる人が、結局はトクなのです

どうすれば穏やかな気持ちで日常を送ることができるのか。

ここではメンタルコントロールについて、考えてみたいと思います。

私が一番におすすめしたいのは「どんなものにも楽しみを見つける癖をつけること」。

結局、これが実に優れたメンタルコントロール術なのです。


たとえば、信号が赤だったとします。

本書で何度も述べている通り、その環境は変えられません。文句をいっても赤は赤のままです。

そのとき「どうして赤信号なんだよ！」「急いでいるのに、イライラするな！」と思う人もいるでしょう。

しかし、そう思った瞬間、穏やかな気持ちとはかけ離れてしまいます。

たとえ同じ状況でも、少し視点を変えれば「今日はけっこう車がたくさん走ってるな」とか「今日は抜けるような青空で、とても天気がいいな」など、ちょっとした楽

しみを見出すことだってできるはずです。

実際、子どもたちはそうやって物事を楽しくとらえています。だから、彼らは退屈せずに、人生を楽しく生きていけるのです。

大人になることは、人生をつまらなくすることではありません。

病気をしても、仕事がたくさん溜まっていても、お金を盗まれたとしても、そこから楽しみを見つけることは可能です。

病院のベッドで「ああ、健康っていうのはありがたいものなんだな」と改めて気づくのもいいでしょう。

忙しい仕事の最中、「これだけ人に必要とされるのは、すごいことだ」と自分を褒めるのもいいでしょう。

お金が盗まれたとき、「大金でなくてよかった」「これからはお金をもっと大事に使おう」と考えることだってできます。

事実は事実として変わりませんが、それをどうとらえ、反応するかは自分で選ぶことができるということを、けっして忘れないでくださいね。

「つらい」「苦しい」「嫌だ」「腹が立つ」などネガティブな反応をすれば、どんどん気持ちはすさんでいきます。

それを環境のせいにして、すさんだ気持ちのまま人生を送っていきますか。

どんなに怒ったって、文句をいったって事実は変わらないのですから、笑って楽しんだほうがいいでしょう。

ぜひとも「楽しいほうに目を向ける」癖をつけてください。

事実があなたを苦しめるのではありません。

その事実をネガティブにしかとらえられない精神状態が、あなたを苦しめているのですよ。

第37話

「心のあくび」なんて、簡単に抑えられる

どんな迷いや不安もカラッと晴れる、この考え方

落ち込んだときは、どうしたらいいか？

こんな問いかけもよく受けます。だいたいこの手の質問をする人は「落ち込み」というものを、ひどく大げさに考えている傾向にあります。

そりゃ誰だって落ち込みますよ。私だって、あなただって、落ち込むのは当然です。仕事がうまくいかなかったり、人間関係でトラブルがあったりしたら、嫌でも落ち込んでしまうのが当たり前です。

つまり、「落ち込み」などというものは、あくびをするようなもの。日常の、ちょっとした瞬間に、ちょくちょく出てくるものなのです。

「あくびが出たとき、どうしたらいいでしょう？」と真面目に相談する人はいません。落ち込みだって同じです。生きていれば、落ち込みもする。ただそれだけのことです。

それを「落ち込むとは、心がどんな状態にあることなのか？」とか、「脳がどんなふうに動いているのか？」などいろいろいう人がいるからややこしくなるのです。

ぜひ、こんなふうに考えてください。

もしあくびが出たら、あなたはどうしますか。ちょっと席を立って運動をしたり、お茶を飲んで休憩したりするでしょう。落ち込んだときも、それと同じで大丈夫。お茶を飲んで一息つけば、気分は少し変わります。

落ち込みなんて、そんなものです。

そうやって落ち込みを継続させないことが大事なのです。

あくびが一度出たくらいでは病気ではありません。

しかし、あくびがひっきりなしに続いたら、それは病気かもしれません。

落ち込みもこれに似ていて、ちょっと落ち込むくらいは誰にでもありますが、いつまでも落ち込み続けるのは問題です。

大切なのは、「ああ、ちょっと気分が晴れないな」「落ち込んじゃったな」という状況を敏感に察知して、すぐに気分を入れ替えることです。

運動をするのでも、休憩するのでも、音楽を聞くのでも構いません。自分の精神状態に気づき、意識的にコントロールすることが大事です。

往々にして、落ち込みというのは、マンネリの中に蓄積していきます。

落ち込みから脱する方法の一つは、人生にバリエーションをつけること。

普段あまり会わない人と会って話をしてみたり、滅多に行かないお店で食事をしてみたりするのもいいでしょう。たまには外をジョギングしたり、いつもと違う道を通って散歩がてら帰ってみたりするのも一案です。

いつもはやらないことをちょっとやるだけで、気分はけっこう変わるものです。

自分以外の誰かを励ますときも、この発想はとても有効。落ち込んでいる友人がいたら、普段とは違うところへ誘ってみたり、ちょっとしたサプライズのプレゼントをしたりするなど、「いつもと少し違う」ことをしてあげてください。

相手の気持ちがスッと変化するはずです。

落ち込むこと自体は仕方ないことですし、たいした問題ではありません。

その状態を長引かせないように、コントロールする術を持っていることが、一番大事なのですよ。

第38話

「そんなことどうでもいい」——これでうまくいく！

ちょっと不幸を感じたときこそ、大事なこと

物事が予定通りに進まないのは当たり前。

これこそまさに世の常なのですが、なかなかそう思えない人も多いようです。

「それが世の中というものさ」と開き直ることができず、結果に対して一喜一憂してしまうのです。


物事がうまくいけば明るくなり、うまくいかなければ暗くなる。

予定通りに仕事が進めば明るくなり、予定より遅れたら暗くなる。

自分が関わっているプロジェクトがうまくいけば明るくなり、失敗すれば暗くなる。

思うような仕事、役職が与えられれば明るくなり、期待はずれの仕事を与えられると暗くなる。

たくさんの給料をもらったら明るくなり、少なかったら暗くなる。

あなた自身、あるいはあなたの周囲にも、そんな人がたくさんいるのではないでし

ょうか。

しかし本当に大事なのは、そんなものに左右されない「心の強さ」です。自分が勝手に抱いた期待や希望が裏切られたといっては暗くなる。外部の環境が自分の思い通りにならなかったといっては暗くなる。

そんなことを繰り返していれば、あっという間に心は壊れてしまいます。

外部の環境はあなたの都合で変わってくれるものではありません。

それは仕事であれ、職場環境であれ、人間関係であれ、すべて同じです。

あなたの外側にあるものが、あなたの都合など考慮してくれるはずがないのです。もっといえば、あなたの期待を裏切ることばかりでしょう。

でも、それは仕方のないことです。

ただ単純に存在している環境の中で、私たちはただ生きているだけです。環境を変えることなど、到底できないのです。

結局私たちは環境に適応することで、生きていくしかありません。環境を把握し、受け入れて、順応していくしかないのです。

その際もっとも大事なのが「いちいち心を揺さぶられないこと」。

何があっても何がなくても、予定通りに進んでも進まなくても、
「まあいいや。それはそれでよろしい」
と開き直って、淡々と、冷静な気持ちでいることが肝心。

物事を予定通りに進めようと、無駄な労力を使って心を痛めつけるのではなく、何があっても平静でいられるよう自分の心を管理するべきです。

仕事が予定通り進まなかったり、誰か（何か）に期待を裏切られたりしたときこそ、このことを思い出してください。

仏教で一貫して語っているのは、まさにこの自己管理についてなのです。

第39話

どんな状況でも「できること」は必ずある

周りの環境に関係なく、幸せになる方法

自分の体をケアする上で「どんなふうに疲れているのか?」「どうしたら疲れがとれるのか?」を理解することはとても大切です。

疲れの正体を知らずに、疲れを取ることなど不可能だからです。

第37話で、「落ち込みはマンネリの中に蓄積していく」と述べましたが、それは肉体についても同じです。

パソコンの前に座って、ずっと同じ姿勢でいるのはやはり体が疲れます。

しかし、そんなことをいうと「私は座り仕事だからどうしようもない」といって体を酷使し続ける人がいます。

実に発想が貧困です。

それならいっそ、「午後二時から四時までは立って仕事をする」と決めてしまえばいいでしょう。その時間だけは机の上にさらに台を置いて、その上で仕事をすればいいだけのこと。

そんな台くらい、一〇〇円ショップの道具を使えば、わずかなお金でつくれてしま

います。

「肩がこる」「腰が痛い」と嘆いていないで、そのくらい大胆に変える発想が欲しいものです。

本書で私は何度となく「環境に適応することが大事」と述べてきましたが、「自分は座り仕事だから、黙って苦痛に耐える」というのが環境に適応することではありません。

それで体を壊してしまうのは、むしろ環境に適応できていない証拠。

自分が置かれている状況を把握し、その中で「どうしたらよりよくなるか」を工夫することこそ、環境に適応するコツです。

そのときこそ、大胆さが必要です。

一日中座っているのがつらければ、立って仕事をすればいい。

嫌な仕事があるのなら、それを誰かに放り投げる術を考える。

会社に就職できないならば、自分でできる仕事を探す。

環境に適応するには、ときに大胆で、タフな発想が求められます。

自分が知らず知らずのうちに持ってしまっている固定観念や社会システムに準じることが「適応」ではありません。

むしろその殻を破って、柔軟に、順応していくことが大事なのです。

肉体や精神が疲れてしまっているときに、

「仕事だから仕方がない」

「この会社ではどうしようもない」

「こんなご時世、どうすることもできない」

などと、勝手に閉鎖的にならないことです。

周囲の環境は変えられなくても、自分でできることは必ずあります。

第40話

「生きるのが大変」なのは、人も犬もミミズも、みんな同じ

「生きる」とは、死なないように必死で支え続けること

もう一つ大事な話をつけ加えておきましょう。

そもそも、生きるというのは忙しいものです。

ずっと働き続けなければ、どんな生物も生きていけません。犬も、猫も、ミミズも、人間も、忙しく働き続けることによって、かろうじて生きているのです。

まさに生きるというのは、死なないために必死で支え続けることです。


たとえば、私たちは一日三回の食事をします。そのうちの一度や二度食べなかったからといってすぐに死んでしまうことはありません。

しかし、体は一日に三回栄養を吸収するのではなく、絶えず細胞の一つ一つに栄養を補給し、血液を循環させています。その循環が止まってしまえば、私たちは生きてはいられません。

つまり、私たちの体（脳や内臓の細胞の一つ一つ）は常に栄養や酸素をとり続け、血液は循環し続けています。二四時間、三六五日、まったく休むことはありません。

その状態を維持することで、私たちは死ぬことからやっと逃れているのです。

そんなふうに自分の体が休まず働き続けているのだと、あなたは考えたことがありますか？

それだけ、生きるというのは忙しいものなのです。

死なないように必死で動き続けることが、すなわち生きることなのです。

しかし、どんなに抗《あらが》っても、いつか必ず負ける。

これもまた、生きるものの宿命です。


これだけ忙しいからこそ、ブッダは瞑想することで、体も脳も休ませることを奨励しているのです。

もちろん体が完全に止まってしまうわけではありませんが、瞑想することで私たちは大きな休息、安らぎを得ることができます。

体や脳が休まず動き続ける「忙しさ」というものは、ビジネスマンが日常的に感じている「忙しさ」とは、少し種類の違うものかもしれません。

ですが、生きることが忙しいのは同じですし、休みが必要だというのは誰にでも共通するものでしょう。

忙しく働くことはけっして悪いことではありませんし、社会のために一生懸命になるのはすばらしいことです。

ただし、そもそも生きるとは忙しいものであり、だからこそ休息が必要だということも忘れないでください。

まして瞑想することで、心を穏やかにするというのは、最高の贅沢でもあります。

瞑想の価値ややり方については、次項で改めてご紹介します。

第41話

「慈悲の瞑想」で、心と体をリセットする

念じるだけでも効果バツグン！

精神を安定させるいい方法はないか。

そう聞かれたら、私は瞑想をおすすめします。

瞑想というのも実はとても深いもので、生きるとは何かという本当の意味を知り、価値のある生き方を得ようと思ったら、相応の精神修行が必要です。

そんなことはどんな世界でも当然の話です。

パイロットになろうと思ったら、かなりの知識を頭に叩き込み、多くの経験を積む必要があります。

包丁をつくる鍛冶職人になるのだって、一通りのやり方を教えられて、それで一人前というわけにはいきません。

同様に、本当の瞑想をしようと思ったら、相応の時間がかかります。

瞑想の世界も深いものです。

心の働きを学んで丹念に育て上げなくてはいけない世界です。

時間がかかる作業です。

ただし、本書のテーマである「仕事」がうまくいくように心を整えるというくらいなら、瞑想のやり方を少し知ることで効果が出てくることもあるでしょう。

そんな思いで、226ページから瞑想のやり方を紹介しておきます。

本来、瞑想というのは、ものすごく効果の高いもので、精神も、肉体も磨かれますし、心に溜まったストレスをきれいに洗い流すこともできます。

物事を感じる力も上がりますし、判断力も向上する。それだけ人間的にも成長します。

よく誤解されるのですが、瞑想というのは宗教や信仰とはまったく関係ありません。

神秘的なことでも、迷信的な修行でもありません。

心を育てる現実的な方法です。

単純に瞑想を続けることで、さまざまな効果が得られるというのは、科学的にも証明されています。

仕事の悩み、ストレスといっても、ほとんどは人間関係に関するもの。

人間関係がうまくいけば、その大半は消滅してしまいます。

そして、人間関係の問題も、煎じ詰めれば「どうしたら、あなたとうまくいくか」というだけの話。

上司とうまくいかない、同僚の働きぶりが気に入らない、部下から信頼されないなど、私にいわせれば「結局、人間二人の問題でしょう」というところです。

家族や親戚、友人の問題にしたたって根本は同じ。

「人間二人の関係」がうまくいくか、いかないか。そんな些細なことなのです。


そんな人間関係を改善するコツは、「相手のことを本気で心配してあげる」こと。


これだけです。

自分ばかりでなく、本気で「相手も幸せになって欲しい」と思えれば、人間関係の問題は解消されます。

そこからさらに視野を広げて「みんなのことも心配する」「生きているすべてのものを心配する」という気持ちになれれば、それで話は終わりです。

まさに、それを目的としているのが「慈悲の瞑想」です（瞑想の文言は、後に紹介します）。

やり方自体はまったくむずかしいものではありません。

瞑想の言葉を、心を込めて念じること。

そして、継続すること。

ただそれだけです。

「慈悲の瞑想」であれば、せいぜい時間は五分くらい。

決められた時間や場所はないので、夜寝る前、朝起きたとき、通勤のバスや電車の中、仕事を始める前など、いつでもどこでもして構いません。

瞑想の言葉を心を込めて念じるだけです。

瞑想には、頭の中にある自分のプログラムをリセットする効果があります。

私たちの心というのは、すぐに自分のことだけを考えてしまいますし、ストレスを抱え込んでしまうものです。ついネガティブに考えてしまったり、攻撃的になったりします。

一度そのような状態になった自分の心を、自力で修正するのは実に困難です。「身勝手になった心」「ストレスを抱えて苦しんでいる精神」を、あなたは自らの力で修正することができますか。

そうそうできるものではありません。

そんなときこそ瞑想が効果を発揮します。

瞑想を続けることによって、自動的に心の（あるいは頭の）プログラムが修正されるからです。

ぜひ、実践してみてください。

心も体もすっきりして人間関係が改善されますし、自分自身の能力向上にも役立ちます。

「慈悲の瞑想」

私は幸せでありますように
私の悩み苦しみがなくなりますように
私の願いごとが叶えられますように
私に悟りの光が現れますように
私は幸せでありますように　（三回繰り返し）
（「私は幸せでありますように」と心の中でゆっくり念じます）

私の親しい人々が幸せでありますように
私の親しい人々の悩み苦しみがなくなりますように
私の親しい人々の願いごとが叶えられますように
私の親しい人々に悟りの光が現れますように
私の親しい人々が幸せでありますように　（三回繰り返し）

（「私の親しい人々が幸せでありますように」と心の中でゆっくり念じます）

生きとし生けるものが幸せでありますように
生きとし生けるものの悩み苦しみがなくなりますように
生きとし生けるものの願いごとが叶えられますように
生きとし生けるものに悟りの光が現れますように
生きとし生けるものが幸せでありますように　（三回繰り返し）
（「生きとし生けるものが幸せでありますように」と心の中でゆっくり念じます）

私の嫌いな人々も幸せでありますように
私の嫌いな人々の悩み苦しみがなくなりますように
私の嫌いな人々の願いごとが叶えられますように
私の嫌いな人々にも悟りの光が現れますように
私を嫌っている人々も幸せでありますように
私を嫌っている人々の悩み苦しみがなくなりますように

私を嫌っている人々の願いごとが叶えられますように
私を嫌っている人々にも悟りの光が現れますように

生きとし生けるものが幸せでありますように
生きとし生けるものが幸せでありますように
生きとし生けるものが幸せでありますように

5章

仕事を通して成長する人、しない人

——その違いは「ほんのちょっとしたこと」

第42話

「学ぶのをやめること」は「生きるのをやめること」

生き物は「本能」だけでは生きられない

私たちはなぜ学ぶのか。

そんな問いかけをする人がいますが、答えは実に簡単です。

学ばないと生きていけないからです。

物事は極端にするとわかりやすくなるので「私たちはなぜ学ぶのか」についても極端に考えてみましょう。

もし、私たちが生まれてから何も学ばなかったら、まともに生きていけるでしょうか。一〇〇%不可能です。

学ぶことなしには、食べることも、歩くことも、人と会話することも、本を読むこともできません。

生まれたばかりの赤ちゃんは、猛烈な勢いで勝手にどんどん学んでいきます。

それが生きることだからです。

つまり、私たちは生きるために学ぶのです。

もっといえば、よりよく生きるために学んでいるわけです。

「勉強が好きな人、嫌いな人」などという言い方をしますが、あくまでもそれは「数学が好き」とか「スポーツが好き」（あるいは嫌い）というレベルの話で、「学ぶこと全般が好きか、嫌いか」という話ではありません。

生きるとは学ぶこと。

「好き嫌い」の話ではないのです。

そして往々にして、学ぶ意識が高い人はよりよく生きていけます。

言葉を学ばず、人と会話ができないより、言葉を使って自在にコミュニケーションできたほうが人生は豊かになる。当たり前の話ですね。

どんな仕事をしていても、どんな生活をしていても、学ぶ意識の高い人の人生はより豊かになっていきますし、学ぶ意識の低い人の人生は堕落していきます。

もちろん、学んでいるのは人間だけではありません。

動物たちだって狩りの仕方を学び、泳ぎを習得し、巣のつくり方をマスターし、子どもの育て方を身につけていく。

そうやってよりよく生きていこうとしています。

これらの学びを、本能だという人がいます。

意図して学ぼうとしなくても、動物たちは生きていくための術を自然に身につけていくという考えです。

たしかに、本能と呼べる部分もあるでしょう。

しかし、動物たちは（もちろん人間も）、本能だけで生きているわけではありません。

たとえば、動物園にいる動物の中には、子どもを産んでも育児放棄をしたり、自分で食べ物を獲らなかったり、巣をつくらなかったりするものがいます。

あきらかに本能とはかけ離れた行動です。

実は、彼らが失ってしまったのは、本能というより「学ぼうという意欲」「学ばなければ生きていけない」という切迫感です。

学びがない状態では、そこまで堕落してしまうのです。

人間も同じです。

学びを忘れてしまったら、その命はどんどん堕落してしまいます。

それくらい、生きる上で学びはとても大事なのです。

第43話

「教わったら死んでしまう」と聞かされても！

誰もが犯しがちな罪――「学ぶ楽しみ」を忘れること

本来、学ぶことは楽しいものです。

赤ん坊や幼い子どもたちは、日々たくさんのことを楽しそうに学びながら成長していきます。「生きること＝学ぶこと＝楽しむこと」という構図が自然に成り立っているからです。

だからこそ、子どもたちは今日より明日のほうがよりよい生き方ができますし、今年よりも来年のほうが人間として成長しています。

さて、大人はどうでしょうか。

あなたは人間として、楽しく学び、成長しているでしょうか。

子どもの頃は学ぶことがあんなに楽しかったのに、大人になると「学ぶ＝つらいこと」ととらえている人がとても多い。さらには、学ぶ意識がどんどん下がってしまっています。

学校を卒業したら、もう学ばなくていいとでも思っているのでしょうか。

そんなことは絶対にあり得ません。

生きている限り、一生学び続ける。それが、人間の本来の姿です。

インドには「学びの大切さ」を伝える、有名なエピソードがあります。

あるところに、とても勉強熱心な男がいました。

その男は何でも吸収してしまうほどの天才で、貪欲《どんよく》にあらゆる学問を学んでいました。

語学、数学、物理学、論理学などはもちろん、議論方法や神秘的な学問など、どんな分野にも手を出し、どんな内容でも一回で覚えてしまうという、ものすごい才能の持ち主でした。

それだけの才能に恵まれ、かつ学ぶ意欲も旺盛だったので、あるとき彼は世の中の学問という学問をすべて学び終えてしまいました。

学びたいのに学ぶことがない。

そんな状態に陥ってしまったのです。

彼にとってはとても不幸な状態です。

それから何年か経って、彼のところに「まだほとんどの人が知らない、ある呪文がある」という話が舞い込んできました。

もちろん、彼の向学心はうずきます。久しぶりに訪れた学ぶチャンスの到来です。何でも学ばずにはいられない彼は、さっそくその呪文を教えてくれる先生のところを訪ね、「呪文を教えて欲しい」とお願いしました。

ところが、その先生は「ダメです」と、お願いを無下に断ってしまいました。

もちろん、彼のほうは、一度や二度断られたくらいであきらめるわけにはいきません。

その後、彼は先生のところに泊まり込み、身の回りのお世話をしながら、何度となく「呪文を教えて欲しい」と懇願しました。

しかし、先生の答えは「ノー」。

「それだけは勘弁してください」といつも断られてしまいます。

あるとき、男はその理由を先生に尋ねてみました。

すると先生は、

「実は、この呪文を教えてしまったら、その瞬間にあなたは死んでしまいます。そういう呪文なのです。私はあなたを死なせたくない。だから私はあなたに教えることができないのです」

と説明しました。

「教わったら死んでしまう」と聞かされれば、たいていの人はあきらめます。何かを学んでも、死んでしまっては元も子もありません。

しかし、学ぶことが何より大事だと思っている男はひるみませんでした。

「先生、私は生きることより学ぶことが大事だと思っています。だから死んでも構わないので、その呪文を教えてください」

と告げたのです。

そこまでいわれた先生はついに根負けして、呪文を教えることを承諾してしまいます。

その後、二人は墓地へ行って大きな穴を掘り、そのふちに立って、先生は男に呪文を教えました。

そして呪文を教わった瞬間、男はバタリと穴の中に倒れ、そのまま息絶えてしまいました。

ここで話は終わります。

もちろんこれは実話ではありませんが、インドに伝わる有名な話です。

それほどまでに学ぶことは大切なのだという教訓が込められています。

たしかに、この話に登場する男の向学心は異常かもしれません。

命をかけてまで学ぶことが正しいとはいいませんが、私たちが一生学び続けなければならないのは、紛れもない事実です。

そのくらい「学び」というのは、人生にぴったりと寄り添っているものなのです。

何のために学ぶのか。

それはまさに生きるためです。

第44話

「社会がマスターで、私たちはみんな使用人」

よい勉強、悪い勉強、無駄な勉強

学ぶことの大切さを述べたところで、「学び、勉強」の種類についても触れておきたいと思います。

そもそも、勉強には三つの種類があります。

それは、「よい勉強」「悪い勉強」「無駄な勉強」の三つ。

どうせやるなら「よい勉強」をやったほうがいいのですが、まずはそれぞれを説明してみましょう。

三つのうち、もっともわかりやすいのが「無駄な勉強」。

たとえば、私が「これからギリシャ語の勉強をします」といって熱心に勉強したとします。

勉強自体はけっして悪いことではありませんが、果たしてそれがどの程度役に立つでしょうか。

もしかしたら、この先一回か二回はギリシャへ行って、そのときに多少役立つかもしれません。

ですが、普通に考えれば、私にとってはほとんど役に立ちません。

これが「無駄な勉強」です。

もちろん、やってはいけないというわけではありません。

アフリカのブッシュマンの言葉を勉強したいという人に、「無駄だからやめなさい」とはいいません。

ただし、貴重な時間を費やすのですから、もっと役に立つ勉強をしたほうがいいでしょう。

続いては「悪い勉強」。

これははっきりしています。生命に害を与えるものは例外なく「悪い勉強」です。

自然に害を与える勉強も同じ。

私たちは自然のおかげで生きているわけですし、「学ぶこと」とは「生きること」そのものです。

それなのに自然を破壊したり、生命を危険にさらしたりするような勉強がよいはずがありません。

人を殺すための道具を必死で開発するなんて、私にいわせれば想像を絶する愚かな行為。

いったい何を思って、そんなことに貴重な時間、命を捧《ささ》げているのでしょうか。ところが実際には、核爆弾を研究したり、どうやって小型爆弾をつくるか、どうやってボールペンの中に殺人兵器を仕込むかなどを必死で追い求めたりしている人が、世界中に大勢います。

まして、それに莫大《ばくだい》な費用を費やしています。

なぜその根本的な愚かさに気づかないのでしょうか。

それはテロリストだろうが、国家だろうが関係ありません。

テロリストが殺人兵器を開発するのはダメだけれど、国家がやる分にはいい、などという理屈が通用するはずがありません。

自然や生命を脅かす研究、勉強は、根源的に「悪いもの」です。そこに例外などあってはならないのです。

さて、最後に残っている「よい勉強」とはどんなものでしょうか。

結論からいうと、「無駄な勉強」と「悪い勉強」以外のものが「よい勉強」となるものです。

もう少し具体的にいえば、自分の人生や仕事に役立つことを一生懸命学ぶ。すなわちこれが「よい勉強」です。

私もあなたも、日々仕事をしています。

もちろん、それはお金をもらう仕事ばかりではありません。家事だって、育児だって、営業だって、企画開発だって、みんな同じく仕事です。

私たちはその一部分を担い、完璧にこなせるように働いています。

それらの仕事に役立つよう（あるいは、もっとうまくできるよう）にするのが「よい勉強」。

よりよく生きるための学びということもできるでしょう。

「社会がマスターで、私たちはみんな使用人だ」という話を、すでに1章でしました。

使用人である私たちは、いろいろなことができる達人ではありません。社会の中で、ほんのわずかな領域を担っているだけです。

端的にいって、その領域について学べばいいのです。

学びが大事だというと、「あれもこれも何でも学ぼう」という人がいますが、「何でもできるようになろう」というのは頭の悪い人の発想です。

賢い人ほど、自分の幅、領域を知っています。経験を積んだ人ほど、自分が担うべき部分を自然に理解しています。

私たちは目の前のことを、それもわずかな領域について、一生懸命学べばいいのです。

自分の領域を完璧にこなすため、謙虚な気持ちで、日々勉強する。

結局それが、もっとも賢い、よい勉強です。

第45話

「学ばない人」は現状維持すらできない

「学ばなかったツケ」は必ず自分にまわってくる

「最近は熱心に学ぼうとしない人が多い」という話をときどき耳にします。上司が仕事を教えようとしても部下が真面目に学ぼうとしない。そんなケースです。「人に教える立場」の人は、「たしかにそうだ」と共感していることでしょう。

では、どうしたら部下や後輩は一生懸命学ぶようになるのでしょうか。

はっきりいって、学ぼうとしないなんて人間として失格です。

正直私はそう思うのですが、「部下が学ぼうとしなくて困っている」という人たちにとって、それでは何の解決にもなりません。

そこで「学ぼうとしない人たち」には、「学ばないとどうなるのか」を教えてあげることをおすすめします。

何度も述べているように、世間は完璧を期待します。完璧な働きをしなければ、周囲はそれを仕事と認めてくれないわけです。そんな過酷な環境にあって、学ぼうとせず、そのままの自分でいたらどうなるでしょうか。

当然、周囲は「アイツにこの仕事はできない」「任せられない」「頼んでも無駄」

「アイツにたくさんの給料を払う必要はない」「この会社に置いておいても仕方がない」と思い、そのように扱うようになります。

一度そんなふうに思われてしまったら、その人の将来性はパアです。

上司や先輩は「その事実」を教えることが先決です。

たとえば、ここに「私は趣味の時間を大事にするので残業はしません」という部下がいたとします。

上司としては「何いってるんだ。みんな残業してるだろ！」と怒りたくなるかもしれませんが、仏教の教えにあるように、何かを他人に強制することなどできません。自分の時間を趣味に使おうが、残業しようが、勉強しようが勝手なのです。

ただし、自分が身を置いている環境に適応しなければ、いずれそこから排除されるという事実は教えてあげるべきでしょう。

それぞれの職場（あるいは社会や組織）には、それぞれ固有の環境があります。ルールや習慣、人間関係や風土などいろいろなものが積み重なって環境ができあがっています。そこで生きていくためには適応するしかありません。

その環境が正しいとか、間違っているとか、そんなことは関係のない話。自然の環境が変化すれば、それに適応したものだけが生き残るのは当たり前の話でしょう。

私たちは誰もが環境の中で生きていて、自分自身もその一部です。

「自分のやり方に合わない」という理由で環境に適応しなければ、そのまま排除されるだけです。その環境の中で、必要な役割を果たし、機能することで自分も（そして他人も）生きていけるのです。

その環境の中で、もしあなたが「能力がない」「アイツにこの仕事はできない」「任せても無駄」と判断されれば、環境は簡単にその役職、役割を奪おうとします。

部長であろうが、課長であろうが、社長の息子であろうが、一流大学を出ていようが、まったく関係ありません。

環境は巨大ですから、その影響から逃れることはできないのです。

その段階になって、いくら環境に文句をいっても始まりません。

だから私たちは、自分が担っているわずかな領域において、謙虚に、熱心に勉強する必要があるのです。その意識、意欲がなければ、いつかは環境から排除されます。

厳しくても、それが真実。

学ぶ意識の低い人には、ぜひそのことを教えてあげるべきでしょう。

第46話

「仕事の予定」も「遊びの予定」も、みんな同じ

シンプルで合理的な「心と体の整え方」

仕事はもちろん、生きる上でも、健康はとても大事。

では、体調を整えるもっとも適した方法とは何でしょうか。

簡単かつ効果的なのはスケジュール通りに生活することです。

何時に起きて、何時に寝る。何を食べるのか、いつ、どのくらい運動をするのか、娯楽にどのくらいの時間を割くのかなど、スケジュールをしっかり決めて、その通りに生活する。

これが、もっとも健康になる方法です。

「なんだ、そんな簡単なことか」と思うかもしれませんが、こんな簡単なことができない人が、ものすごく多いのです。

たとえば、日本人の多くは「仕事だから仕方がない」と、仕事の事情を特別扱いにします。

仕事の予定は優先するが、その他の予定は後まわしにするということです。終業時刻が過ぎても、いつまでも残業して、体調を崩している人が大勢います。

なぜ仕事のスケジュールだけあんなに優先するのでしょう。もっと他のスケジュールも大事にするべきではないでしょうか。

具体例を挙げてみます。

たとえば、あなたに「今日の夕方六時から取引先の人とミーティング」という予定が入っていたとします。

ところが、社内でのデスクワークがなかなか終わらない。

こんなとき、「社内での仕事が忙しいから」という理由でミーティングをキャンセルする人がいるでしょうか。取引先の人と会わず、ズルズルと仕事を続ける人がいるでしょうか。

答えはノー。

そんな人はまずいないでしょう。

しかし、その予定が「取引先とのミーティング」ではなく、「夕方六時からジョギングをする」だったらどうでしょう。

こうなると、なぜか平気で仕事を続けてしまう人が多い。

「取引先とのミーティング」は大事にするのに「ジョギング」という予定はないがし

ろにする。

どう考えても不公平ではありませんか。

結局は、そうやって自分で決めたスケジュールを乱し、全体のバランスを失っていってしまうのです。

心身共に健康、健全な状態をつくりたいなら、バランスのよいスケジュールを組んで、その通りに生きることです。

もちろん、簡単ではありません。

世の中は不測の事態の連続なので、その環境に適応していくしかないわけですが、少なくとも「仕事の時間だけは特別」なんていう身勝手かつバランスを欠いたやり方はよくないでしょう。

そんな不可思議な考えが、社会でも、家庭内でもまかり通っているから、体調も人間関係もおかしくなってしまうのです。

本書は、本文庫のために書き下ろされたものです。

アルボムッレ・スマナサーラ
（Alubomulle Sumanasara）

一九四五年スリランカ生まれ。スリランカ上座仏教（テーラワーダ仏教）長老。一三歳で出家得度。国立ケラニヤ大学で仏教哲学の教鞭をとった後、一九八〇年に国費留学生として来日。駒澤大学大学院博士課程で道元の思想を研究。現在は（宗）日本テーラワーダ仏教協会で、初期仏教の伝道と瞑想指導に従事。メディア出演や全国での講演活動を続けている。

主な著作に『怒らないこと』『怒らないこと2』『欲ばらないこと』（以上、サンガ）、『ブッダ――大人になる道』（筑摩書房）、『不安なこの世を生き抜くために』（PHP研究所）など多数がある。

知的生きかた文庫

一生《いっしょう》、仕事《しごと》で悩《なや》まないためのブッダの教《おし》え

著　者　アルボムッレ・スマナサーラ
発行者　押鐘太陽
発行所　株式会社三笠書房
〒一〇二-〇〇七二　東京都千代田区飯田橋三-三-一
電話〇三-五二二六-五七三四〈営業部〉
〇三-五二二六-五七三一〈編集部〉
http://www.mikasashobo.co.jp
印刷　誠宏印刷
製本　若林製本工場

ISBN978-4-8379-8100-8 C0130